T0269693

Rupert Spira

Tú eres
la felicidad
que buscas

Desvelando nuestro verdadero ser

Traducción del inglés de Diego Merino Sancho

editorial Kairós

Título original: YOU ARE THE HAPPINESS YOU SEEK

© Rupert Spira 2022
All rights reserved

© de la edición en castellano:
2022 Editorial Kairós, S.A.
Numancia 117-121, 08029 Barcelona, España
www.editorialkairos.com

© Traducción del inglés al castellano: Diego Merino Sancho

Revisión: Alicia Conde
Diseño cubierta: Katrien Van Steen
Fotocomposición: Florence Carreté
Impresión y encuadernación: Romanyà-Valls. 08786 Capellades

Primera edición: Febrero 2023
ISBN: 978-84-1121-128-4
Depósito legal: B 23.472-2022

Todos los derechos reservados.
Cualquier forma de reproducción, distribución, comunicación
pública o transformación de esta obra solo puede ser realizada
con la autorización de sus titulares, salvo excepción prevista por
la ley. Diríjase a CEDRO (Centro Español de Derechos Reprográficos,
www.cedro.org) si necesita algún fragmento de esta obra.

Este libro ha sido impreso con papel que proviene de fuentes respetuosas
con la sociedad y el medio ambiente y cuenta con los requisitos necesarios
para ser considerado un «libro amigo de los bosques».

«Estar abierto a la fuente de toda felicidad
es la religión más elevada».

J. KRISHNAMURTI

Sumario

Agradecimientos

Me gustaría mostrar mi agradecimiento a todas las personas que han ayudado en la edición, el diseño y la publicación de este libro, incluyendo a todos los que han asistido a mis encuentros, tanto presenciales como en línea, y que formularon las preguntas cuyas respuestas están entretejidas en estas páginas.

Quisiera dar las gracias especialmente a Caroline Seymour, Jacqueline Boyle, Bridget Holding y Lynne Saner por su labor editorial, y a Rob Bowden por preparar el manuscrito para su publicación.

También me gustaría expresar mi gratitud a Ruth Middleton y Francesca Rotondella, pues sin su apoyo entre bambalinas dudo mucho que este libro pudiera haber visto la luz, y a Stuart Moore y Tom Tarbert por su generosidad y su amabilidad.

Por último, quiero dar las gracias a todo el personal de New Harbinger Publications por su ayuda y su apoyo continuos.

Introducción:
Una oración silenciosa

«Y el fin de todas nuestras búsquedas
será llegar adonde comenzamos
y conocer el lugar por vez primera».

T. S. ELIOT

Es media tarde del 20 de marzo de 2020, y un intruso silencioso e invisible ha paralizado a la humanidad. Casi de la noche a la mañana, he cancelado todos los compromisos que tenía para dar charlas presencialmente en un futuro inmediato y ahora todos mis eventos son a través de internet. Mi primer retiro en línea, en el que participan quinientas personas de todo el mundo, dará comienzo en breve.

Cuando preparo un encuentro o un retiro, no planifico lo que voy a decir. A menudo me siento en silencio en una actitud de oración sin palabras en la que confío en que mi comprensión, tal como es en ese instante, pueda formularse de manera que dé respuesta al momento, pero no cabe duda de que la situación actual se sale de lo común.

Reviso mis correos electrónicos y me llama la atención uno cuyo tema es «Día Mundial de la Felicidad». En él, un amigo me cuenta que en 2006 la ONU designó el equinoccio de primavera como el Día Mundial de la Felicidad, en honor a la idea de que «la felicidad, el bienestar y la libertad de todas las formas de vida del planeta es el fin último de todo ser humano, nación y sociedad».[1]

Qué conmovedor e irónico resulta que este día se consagre como un día de felicidad, bienestar y libertad cuando el mundo se encuentra sumido en una crisis que acarreará angustias y penurias indecibles a tantísimas personas.

Ahora nos están arrebatando apresuradamente los objetos, las actividades y las relaciones habituales cuya existencia dábamos por sentada: tener libertad para ganarnos la vida, socializar y viajar, un suministro abundante de alimentos y bienes de consumo en las tiendas, la educación de nuestros hijos y nietos y la seguridad para nuestro futuro.

Pero ¿qué hay de la felicidad? ¿Se trata de algo que se pueda proporcionar o arrebatar? Y, en ese caso, ¿quién o qué nos la proporciona o arrebata? ¿Cuál es su causa? ¿Es algo que tomamos del exterior o, por el contrario, se origina dentro de nosotros mismos? ¿Existen la paz y la felicidad duraderas, o están destinadas a alternar con el sufrimiento por el resto de nuestra vida?

Estas cuestiones han atribulado a innumerables personas durante miles de años y ahora, al reflexionar sobre ellas, recuerdo la primera vez que se formularon en mi mente. Corría el año 1980, yo tenía veinte años, vivía en las afueras de Bodmin Moor (en el condado de Cornualles, al suroeste de Inglaterra) y estudiaba cerámica con Michael Cardew, uno de los fundadores del movimiento británico de cerámica de estudio, quien por aquel entonces ya había cumplido los ochenta.

Llevaba una existencia bastante monástica, y en muchos sentidos la vida en Wenford Bridge (el hogar y el taller de cerámica de

---

1.   Véase https://www.dayofhappiness.net.

Michael) se asemejaba al aprendizaje con un viejo maestro zen. Sin embargo, tenía una novia, y aunque rara vez nos veíamos debido a la distancia que nos separaba, su presencia en mi vida era una fuente de consuelo y felicidad para mí.

Todos los viernes por la noche, después de la cena, caminaba más o menos un kilómetro y medio colina arriba hasta la cabina telefónica que había a las afueras del pueblo de St. Breward y llamaba a mi compañera. Era una especie de ritual cuya anticipación y recuerdo, tanto como el hecho en sí de llamarla, me ayudaban a mantener el ánimo durante toda la semana.

Sin embargo, en aquella ocasión el tono de su primer «Hola» me transmitió todo lo que necesitaba saber, y la breve conversación que siguió a continuación no hizo sino confirmármelo. Por aquel entonces no podía imaginar que sus palabras de despedida iban a ser uno de los mayores regalos que recibiría en la vida.

Aquella noche, mientras yacía despierto en la cama, una vez que la oleada inicial de confusión y tristeza empezó a remitir, no hacía más que preguntarme cómo podía ser que una misma persona fuese fuente de felicidad en un momento dado y, al instante siguiente, fuente de desdicha. Por primera vez en mi vida fui profundamente consciente de hasta qué punto había dejado que mi felicidad dependiese de mis circunstancias (en este caso, de una relación).

Ya hacía tiempo que me interesaban las cuestiones espirituales, y desde la adolescencia había estudiado filosofía y practicado las técnicas de meditación de las tradiciones vedántica y sufí en la Colet House de Londres, bajo la guía del doctor Francis Roles. Sin embargo, aquel suceso hizo que ese interés se tornase mucho más acuciante, intenso y urgente: se convirtió en una pasión.

Era obvio que amaba la felicidad por encima de todo. También tenía claro que nada objetivo* es seguro o fiable y que, como es obvio, las cosas no se desarrollan de acuerdo a nuestros propios deseos y expectativas. Ahora, el absurdo y la futilidad de depositar en la experiencia objetiva mi propio deseo de alcanzar la felicidad duradera resultaba ineludible. Aquella noche me quedé dormido pensando en una pregunta muy sencilla: «¿Cómo podemos encontrar la paz y la felicidad duraderas?».

Casi exactamente cuarenta años después, las circunstancias vuelven a exigir que aborde esta cuestión. Sin embargo, en esta ocasión no son solo mis circunstancias personales las que han precipitado la pregunta en mi mente, ni tampoco es mi propia felicidad individual la que está en juego: ahora lo que demanda una respuesta es la circunstancia común en la que nos encontramos todos y cada uno de nosotros, y lo que requiere nuestra atención es nuestra felicidad colectiva.

El universo había respondido a mi oración silenciosa. Nuestro retiro en línea dio comienzo con esta pregunta y, posteriormente, la exploración de esta cuestión ha evolucionado hasta convertirse en este libro. Espero que sus páginas te lleven del yo que busca la felicidad a la felicidad que es tu verdadero yo.

RUPERT SPIRA
Abril de 2021

---

* En el contexto de este libro, el término *objetivo* se usa en el sentido de «perteneciente o relativo a los objetos». (*N. del T.*)

1. La búsqueda de la felicidad

«Cosa perfecta pues, y que se basta a sí misma, parece ser la felicidad, pues es el fin al que apuntan todos nuestros actos».

ARISTÓTELES

Buscamos la felicidad por encima de todo

Imagina una encuesta en la que a los siete mil millones de personas que somos en el planeta se nos preguntase qué es lo que más deseamos en la vida. Casi todos responderíamos que deseamos tener una salud mejor, mayores ingresos, una relación de pareja, unas condiciones de vida más favorables, una familia, un trabajo mejor (o, preferiblemente, no tener que trabajar), etc. También habría quienes pedirían cosas menos tangibles, como alcanzar la iluminación o conocer a Dios, pero cualesquiera que fuesen nuestras prioridades, la mayoría seleccionaríamos algo de entre una lista relativamente corta de posibilidades.

Sin embargo, si en una segunda pregunta se nos consultase *por qué* nos decantamos por esas cosas, casi todos responderíamos, de una forma u otra, que queremos ese objeto, sustancia, actividad, circunstancia o relación porque creemos que nos aportará paz y felicidad.

En otras palabras, lo que realmente anhelamos no es la experiencia particular en sí, sino la paz y la felicidad que creemos que se derivará de ella. Si supiésemos que la casa que vamos a comprar, la persona con la que nos vamos a casar, el viaje que estamos a punto de emprender o el nuevo trabajo en el que vamos a empezar nos fuese a hacer sentir desdichados, ya no lo querríamos. Deseamos estas cosas únicamente en la medida en que las consideramos una fuente de felicidad.

Incluso quienes se someten de forma voluntaria a grandes penalidades en aras de un ideal moral, político, religioso o espiritual, lo hacen en última instancia en pos de la felicidad (incluso si, en casos extremos, esa felicidad se pospone hasta después de la muerte).

Así pues, el deseo de felicidad es el motor o la fuerza impulsora principal para la mayoría de nosotros.

Este anhelo de felicidad nos arrastra a una gran aventura en el reino de la experiencia objetiva. Por *experiencia objetiva* no me refiero solo a los objetos físicos, sino a cualquier experiencia que tenga algún tipo de forma, incluidos los pensamientos, las imágenes mentales, los sentimientos, las sensaciones, las percepciones, las actividades y las relaciones.

Aunque alguna de estas cosas parezca brindarnos momentos o periodos de felicidad, tarde o temprano se acaba, resurge la antigua insatisfacción y la búsqueda se inicia de nuevo.

Una vez que la búsqueda en el ámbito convencional de la experiencia objetiva ha fracasado a la hora de proporcionarnos una felicidad duradera con suficiente regularidad, muchas personas recurren a alguna tradición religiosa o espiritual. En este caso, el objetivo, independientemente de cómo se conciba, es siempre el mismo: la paz, la alegría, la realización, la satisfacción, la plenitud. Lo único que ha cambiado es el medio empleado para conseguirla. Incluso quienes buscan la iluminación recurriendo a alguna vía espiritual, o a Dios siguiendo una senda religiosa, lo hacen únicamente por la paz y la felicidad que creen que se derivará de ello.

Si alguien nos preguntase qué preferimos, alcanzar la iluminación o ser felices, obviamente elegiríamos la felicidad. Si creyésemos que la iluminación nos traería desdicha, nunca la buscaríamos. Si estamos dispuestos a dedicar nuestra vida a buscarla, es solo porque creemos que la iluminación nos traerá la felicidad. Del mismo modo, si creyésemos que el conocimiento de Dios nos haría infelices, nadie buscaría a Dios.

El único motivo por el que buscamos la iluminación o a Dios es que, hasta el momento, todas las otras fuentes posibles de felicidad nos han fallado. A menudo recurrimos a la búsqueda de la iluminación o de Dios como último recurso, con la esperanza de que su consecución alivie finalmente nuestro sufrimiento y nos brinde felicidad.

Así pues, el deseo de felicidad es el deseo supremo y, en este sentido, es excepcional: es lo único que buscamos por sí mismo.

Uso la palabra *felicidad* para referirme al objetivo de esta búsqueda simplemente porque es el término que solemos usar para aludir a la ausencia de sufrimiento o el fin de la búsqueda. Me refiero de esta manera a la ausencia de sufrimiento porque, con razón o no, creo que para la mayoría de la gente este término transmite de un modo más preciso aquello que anhela por encima de todo. También es una palabra con la que todos podemos relacionarnos y que hace referencia a una experiencia con la que todos estamos familiarizados. En concreto, es un término aconfesional que, además, no conlleva connotaciones culturales. En la felicidad no hay que creer y no es necesario recurrir a ninguna otra cosa para justificarla o explicarla, sino que es evidente por sí misma.

Sin embargo, cualquier palabra tiene inevitablemente sus limitaciones, en virtud de las asociaciones particulares que le adjudiquemos (y en especial cuando se trata de referirnos a aquello que todos anhelamos por encima de todo). Si la palabra *felicidad* no evoca en ti aquello que amas y deseas más que nada en el mundo, entonces sustitúyela por otra: realización, satisfacción, paz, amor, verdad, belleza, alegría, salvación, liberación, iluminación o Dios.

Tanto si late en nosotros un intenso anhelo como si solo albergamos un leve sentido de insatisfacción (la sensación de que nos falta algo que, cuando lo encontremos, nos aportará al fin la felicidad que anhelamos), todos estamos inmersos en una gran búsqueda. Independientemente de cómo concibamos o denominemos el objetivo de esa búsqueda, su fuente es siempre la misma: el deseo de poner fin a nuestra insatisfacción actual.

Si la felicidad es lo que todos amamos y anhelamos por encima de cualquier otra cosa, entonces investigar su naturaleza y su causa ha de ser la empresa más importante en la que podamos embarcarnos.

La felicidad está en nuestro interior

Siempre experimentamos la felicidad dentro de nosotros; nunca es algo que proceda del exterior. Puede parecer que está relacionada con algún evento externo, que son las circunstancias externas las que la desencadenan, pero a diferencia de los alimentos que comemos, el agua que bebemos o el aire que respiramos, no se trata de algo que tomemos del exterior, sino que se origina dentro de nosotros.

La experimentamos en nuestro interior, y cuando desaparece no se dispersa ningún residuo en el mundo exterior. La felicidad es única y exclusivamente una experiencia interior.

Si siempre experimentamos la felicidad en nuestro interior, aunque sea causada o provocada por la experiencia objetiva, ¿no debería entonces estar presente en estado potencial dentro de nosotros todo el tiempo? Y, en ese caso, ¿no debería ser posible acceder directamente, estar en contacto permanente con ella, sin necesidad de que nuestras circunstancias externas adopten una configuración determinada?

Si *pudiésemos* acceder a nuestra paz y felicidad inherentes sin depender de las circunstancias externas, ¿no sería ese el mayor descubrimiento que podríamos hacer?

Ante este planteamiento podríamos objetar que también experimentamos siempre la *infelicidad* dentro de nosotros y, en consecuencia, que también debe permanecer latente en nuestro interior en todo momento. Según este punto de vista, nuestra felicidad o infelicidad inherentes simplemente serían provocadas por las circunstancias, dependiendo de la medida en que se ajusten a nuestros deseos o nuestras expectativas.

Aunque la mayoría de la gente no lo formularía de esta manera, esta es la visión que comúnmente tenemos de la felicidad y el sufrimiento. Los consideramos como emociones iguales y opuestas que, dependiendo de nuestras circunstancias, alternan en diversos grados en nuestra vida.

En nuestra cultura no hay una comprensión de la naturaleza de la felicidad y de cómo es posible encontrarla, por lo que se nos condiciona para que creamos (e incluso esperemos) que este ciclo constante de felicidad e infelicidad es normal e inevitable. Pero ¿a qué se debe esto? No esperamos pasar por periodos de salud y enfermedad casi a diario, ni mucho menos varias veces en un mismo día. Si estamos enfermos, consideramos que la enfermedad es una señal que el cuerpo nos envía para indicarnos que algo anda mal y necesita nuestra atención.

La infelicidad es para la mente lo mismo que la enfermedad es para el cuerpo: un estado de falta de armonía, de desequilibrio, una señal de que algo anda mal y requiere nuestra atención. Sin embargo, al no disponer de ningún entendimiento sobre la verdadera causa de la infelicidad, nuestra cultura solo puede ofrecernos consuelos y distracciones.

Todos sentimos que la salud es el estado natural del cuerpo. Entonces, ¿por qué no sentimos que la felicidad es el estado natural de la mente? En este libro propondré que *lo es*, que la felicidad es la naturaleza misma de nuestro yo o nuestro ser y que, como tal, ya se encuentra en forma potencial en nuestro interior, siendo accesible para todo el mundo en todo momento, con la posible excepción de aquellos momentos en los que la seguridad y el bienestar del cuerpo se vean comprometidos.

Desde este punto de vista, el sufrimiento se concibe como el oscurecimiento o el enmascaramiento de nuestra felicidad innata. Así, puede haber felicidad o el ocultamiento de la misma, pero nunca su ausencia.

Lo único que tenemos que hacer para acceder a nuestra felicidad inherente es ir a las profundidades de nuestro ser, más allá de los velos y las capas de pensamientos y sentimientos que la ocultan. Este es el gran entendimiento que todo el mundo debería tener desde una edad temprana. ¿Qué podría ser más importante en la vida que saber que ya somos eso que anhelamos?

Esta idea constituye la esencia de las principales tradiciones religiosas y espirituales. Sin embargo, en casi todos los casos se ha perdido, o al menos ha quedado eclipsada, por capas y capas de doctrinas y prácticas superfluas que surgieron en torno a la intuición simple y directa sobre la que se fundaron originalmente.

El fin último de todos los métodos que se ofrecen en las diversas tradiciones es facilitar el acceso a la paz y la alegría latentes que yacen en el corazón de todos los seres. Si existen tantos enfoques y prácticas distintos, no es porque lo que se busca sea complejo e inaccesible, sino que en parte se debe a las diferencias de las culturas en las que se formuló esta comprensión inicialmente, y en parte a las diferentes respuestas requeridas para abordar las dificultades y objeciones específicas de cada persona.

Por así decirlo, esta única comprensión se refractó con cada una de estas respuestas, dando lugar a numerosas ideas y métodos. Sin embargo, cuando destilamos estos enfoques diversos, todos indican, de una forma u otra, que la felicidad es nuestra naturaleza, que somos la felicidad misma.

El fin de la búsqueda

Todos conocemos la experiencia de la felicidad. Sin embargo, no todo el mundo sabe que la felicidad es la naturaleza misma de nuestro yo y que es posible encontrarla en lo más profundo de nuestro ser. El descuido de la naturaleza esencial de nuestro yo pone en marcha una gran búsqueda en el reino de la experiencia objetiva.

En el poema épico *Mathnawi*, el poeta y místico sufí Jelaluddin Rumi nos cuenta la historia de un hombre de El Cairo que sueña con un tesoro enterrado bajo una casa en Bagdad. El hombre emprende un arduo viaje y, tras numerosas pruebas y aventuras, llega a Bagdad y encuentra la casa que se le apareció en sueños. Al llamar a la puerta, le abre un anciano. El viajero le cuenta su sueño y el dueño de la casa le responde sorprendido: «¡Qué extraño! ¡Yo mismo he soñado anoche con una casa en El Cairo bajo la cual estaba enterrado un gran tesoro!». Al escuchar la descripción del anciano, el hombre se da cuenta de que está hablando de su casa, así que emprende el viaje de regreso, y efectivamente encuentra un gran tesoro debajo de su propia casa. Todos esos años había estado justo encima de él sin darse cuenta.

Este es el viaje arquetípico que todos seguimos en la vida: la gran búsqueda de la felicidad en el ámbito de la experiencia objetiva y el retorno al tesoro de nuestro propio ser; la espiración y la inspiración; la aventura del devenir y el retorno al ser; el despliegue de nuestra vida en la dimensión horizontal del tiempo con zambullidas ocasionales en la dimensión vertical del ser.

La naturaleza nos proporciona muchos momentos así, instantes en los que dejamos de buscar la satisfacción de un deseo: un momento de asombro o de sorpresa, el dolor insoportable que nos causa la pérdida de un ser querido, el éxtasis de la intimidad sexual, un momento de intenso peligro, la mirada de un amigo, el silencio del bosque, la paz del sueño profundo*… Nuestra vida está salpicada por esta clase de momentos, pequeñas fisuras en el mundo que, aunque no son discernibles en la superficie de la experiencia, actúan como portales a través de los cuales dejamos atrás el tiempo y accedemos a la eternidad (si bien no tarda en quedar nuevamente eclipsada por el contenido de la experiencia).

---

* El estado de *vigilia* hace referencia a estar despierto; el estado de *sueño* (también denominado *sueño con sueños*), a estar dormido y soñando, y el estado de *sueño profundo* (también denominado *sueño sin sueños*), a estar dormido, pero sin soñar. (*N. del T.*)

El recuerdo de esos momentos despierta en nosotros una nostalgia, un anhelo por algo que no pertenece al pasado y hemos olvidado, sino que está presente, pero ha quedado velado, oculto. No se encuentra en los anales del pasado ni en las promesas del futuro, sino en las profundidades de nuestro ser.

Impulsados por este anhelo, nos embarcamos en una gran búsqueda para tratar de encontrarlo (a nivel externo en el ámbito de los objetos, las sustancias, las actividades y las relaciones, y a nivel interno en diversos estados mentales). A menudo captamos fugazmente su perfume, pero nunca damos con su fuente. Impregna por completo el contenido de la experiencia, pero jamás nos es posible asirlo o percibirlo *como* una experiencia, del mismo modo que tampoco es posible encontrar el origen del arcoíris. Sin embargo, el motivo por el que no podemos encontrarlo no es que sea muy lejano, sino que está demasiado cerca de nosotros.

En el núcleo central de las grandes tradiciones religiosas, espirituales y filosóficas del mundo hallamos la manera simple y directa mediante la cual se puede reconocer: el devenir ha de remitir y desvanecerse en el ser.

Lo habitual es que el drama de la experiencia eclipse casi constantemente nuestra conciencia del ser. En cambio, ahora es la conciencia del ser la que eclipsa al drama de la experiencia.

Todos conocemos la conciencia del ser como el sentido de «ser yo» o el conocimiento «yo soy» antes de que sea matizado, teñido o caracterizado por la experiencia. Ahí radica la paz de nuestra verdadera naturaleza. Cuando nuestro yo queda despojado de todas las limitaciones que adquiere de la experiencia, lo que anhelamos por encima de todo resplandece por sí mismo.

Esta misma comprensión se ilustra en la parábola del hijo pródigo de la tradición cristiana. En esta historia, el hijo menor del rey está insatisfecho con la vida que lleva en el hogar y se embarca en una gran aventura en el mundo para tratar de encontrar la realización. A pesar de sus muchas vivencias y experiencias, nada le satisface plenamente, por lo que acaba desesperado, reducido a cuidar de los cerdos y alimentarse con su comida, hasta que por fin «recupera el sentido» y recuerda la abundancia de su hogar.

Esta historia simboliza a alguien que ha agotado la búsqueda de la realización en la experiencia objetiva y reconoce, o al menos intuye, que está tratando de encontrar la felicidad en el lugar equivocado y debe regresar a «casa». Es decir, recuerda la paz y la felicidad que son la naturaleza misma de su ser y toma la decisión de regresar a ellas.

Este recuerdo no es la evocación de algo que alguna vez poseímos y ahora hemos perdido, sino el reconocimiento de algo que se halla en lo más profundo de nosotros, pero que, hasta ahora, ha permanecido velado o cubierto, y a lo que, por tanto, no teníamos acceso.

En algunos casos, es necesario llegar al borde de la desesperación antes de reconocer que estamos buscando la paz y la felicidad en el lugar equivocado. Para otros, una dosis relativamente leve de fracaso, pérdida o tristeza es suficiente para que despierte en ellos la intuición de que la experiencia objetiva nunca puede ser una fuente de paz y felicidad duraderas, lo que da comienzo a una investigación sobre la naturaleza de su ser.

En muchos casos, llega un punto en nuestra vida en que comprendemos, o al menos intuimos, que la paz y la felicidad que anhelamos no se pueden encontrar jamás en ningún objeto, sustancia, actividad, circunstancia o relación. Esta comprensión no implica que perdamos interés por el mundo, que dejemos de interactuar con los objetos o de participar en actividades y relaciones, sino sencillamente que ya no lo hacemos con el propósito de encontrar la paz, la felicidad o el amor en ellos.

Nadie estaría leyendo este libro si la búsqueda de la felicidad en la experiencia objetiva hubiera tenido éxito. De hecho, es casi seguro que quien lo lea lo hará precisamente porque esta búsqueda ha fracasado tantas veces que, cuando menos, empieza a sospechar que tal vez esté buscando en el lugar equivocado.

En algún momento se precipita una crisis en nuestra vida en la que nos damos cuenta de que ya lo hemos probado todo (los objetos convencionales que nos ofrece el mundo y los estados mentales menos convencionales que están disponibles en las tradiciones religiosas y espirituales) y hemos comprobado que nada nos ha aportado ni podría aportarnos nunca la felicidad duradera que buscamos.

A resultas de esto, puede que tengamos el coraje y la claridad necesarias para enfrentar un hecho simple e ineludible: ¡que nada puede hacernos felices! Igualmente, y por la misma razón, comprendemos que nada puede hacernos *infelices* (a menos que le demos ese poder, en cuyo caso lo hará).

La búsqueda de la paz y la felicidad en la experiencia objetiva está condenada al fracaso. Es una fórmula con la que la frustración y, con el tiempo, la desesperación, están aseguradas.

La pandemia original

Mientras escribo esto, a muchas personas les angustia que puedan estar infectadas con un virus que les cause enfermedades, tal vez incluso la muerte, a ellas mismas o a sus seres queridos. No pretendo menospreciar esa preocupación, ni los esfuerzos que los individuos, las comunidades y las naciones están realizando para minimizar la propagación del virus. Solo quiero destacar la gran atención que le estamos prestando a este virus al tiempo que ignoramos otra enfermedad que ha infectado a la inmensa mayoría de las personas sin que se den cuenta.

Esta enfermedad es la creencia de que la paz y la felicidad dependen de las circunstancias externas. Hemos permitido que una sola creencia nos robe nuestra felicidad innata, que nos arrebate lo único que amamos por encima de todo. Y, sin embargo, este trastorno está tan extendido que ni siquiera somos conscientes de él como tal; consideramos que es nuestro estado natural.

Este síndrome presenta un síntoma simple: ¡el sufrimiento! Nuestro sufrimiento, ya se trate de una emoción intensa de odio, ira o celos que estalla temporalmente en respuesta a una circunstancia particular, o simplemente de la sensación leve pero crónica de que nos falta algo, es la prueba de fuego que indica que hemos pasado por alto nuestro ser o nuestra naturaleza esencial y que, como resultado, su paz y felicidad innatas han quedado eclipsadas.

Así como el dolor físico es una señal que emana de la inteligencia intrínseca del organismo y que nos hace saber que el cuerpo requiere atención, también el sufrimiento es un mensaje que proviene de la felicidad que yace en lo más profundo de nuestro ser: «¡Me estás buscando en el lugar equivocado! Nada externo a ti me origina. Soy la naturaleza misma de tu ser. No me encuentro en ningún otro lugar. Vuélvete hacia mí y te acogeré en mi seno».

Como dijo el místico sufí Bayazid Bastami: «Durante treinta años busqué a Dios, pero cuando miré cuidadosamente, descubrí que en realidad Dios era el buscador y yo lo buscado».[1] Siempre que buscamos la felicidad, en realidad es nuestra felicidad innata la que nos busca a nosotros. La felicidad que buscamos es la felicidad que somos.

La gran comprensión que subyace en el corazón de las principales tradiciones religiosas y espirituales consta de dos ideas esenciales: que la felicidad es la naturaleza misma de nuestro ser y que compartimos un mismo ser con todos y con todo.

Abordaremos la segunda idea hacia el final del libro. En cuanto a la primera, para liberar a la felicidad de su escondite en lo más profundo de nuestro ser y traerla a nuestra experiencia viva y sentida, hemos de dirigirnos al propio yo o ser esencial y reconocer su naturaleza.

Por esta razón, el autoconocimiento se erige como la base fundamental de las principales tradiciones religiosas y espirituales. Es la gran comprensión que nos proporciona acceso a la paz y la felicidad que constituye nuestra misma naturaleza.

---

1.   James Fadiman y Robert Frager, *Essential Sufism* (HarperCollins, 1997).

2. Conócete a ti mismo

«Todos los seres vivos anhelan ser siempre felices, sin sufrir desdicha alguna. En todos ellos se observa un amor supremo por sí mismos, que se debe únicamente al hecho de que la felicidad es su verdadera naturaleza. Por lo tanto, para realizar esa felicidad inmaculada inherente –que de hecho experimentamos diariamente cuando la mente está sometida en el sueño profundo– es esencial que uno se conozca a sí mismo».

RAMANA MAHARSHI

En la tradición cristiana se dice que el reino de los cielos está dentro de nosotros. ¿Pero qué otra cosa puede ser el reino de los cielos más que un lugar de felicidad eterna? El mensaje esencial del cristianismo es que este reino de felicidad eterna se encuentra dentro de nosotros, que es la propia naturaleza de nuestro ser.

En la tradición vedántica de la India encontramos la misma comprensión condensada en tres palabras sánscritas: *sat chit ananda*. *Sat* se refiere a ser, *chit* al conocimiento o la conciencia, y *ananda* a la paz o la felicidad. Por tanto, *sat chit ananda* significa simplemente ser consciente de que la naturaleza de nuestro propio ser es la felicidad misma.

En el budismo se dice que la naturaleza de nuestra mente está libre de forma inherente de cualquier imperfección. Cuidándose de no objetivar la felicidad como un estado mental, la enseñanza budista se refiere a ella simplemente como el final del sufrimiento. Así pues, lo único que se requiere para acceder a esa felicidad es conocer la naturaleza de nuestra propia mente.

De hecho, si quisiéramos condensar en una sola frase la comprensión esencial contenida en todas las grandes tradiciones religiosas, espirituales y filosóficas, sería algo como: «La felicidad es tu naturaleza» o «Tú eres la felicidad misma».

De donde se sigue que, para acceder a la paz y la felicidad que todos anhelamos por encima de todo, lo único que hace falta es que comprendamos nuestra propia naturaleza. Este es el motivo por el que se esculpieron las palabras «Conócete a ti mismo» en la entrada del templo de Apolo en Delfos, lo que las coloca en el origen mismo de la civilización occidental.

Todos perseguimos la felicidad, pero la mayoría tratamos de encontrarla en la *experiencia objetiva*. Por el contrario, en el enfoque que se propone en este libro buscamos la paz y la felicidad *en su fuente*, es decir, en nuestro yo o nuestro ser. Por eso a veces se le denomina la vía directa a la paz y la felicidad.

Relajar la atención

¿Qué significa conocerse a uno mismo? A principios de la década de los ochenta asistí con mi hermano Andrew a una serie de recitales que Alfred Brendel dio en Londres de las sonatas para piano de Beethoven. Durante estos conciertos, por lo general mi atención estaba completamente absorta en la música, pero de vez en cuando era consciente de que esta concentración se relajaba o se distendía.

En una ocasión, mi atención se relajó lo suficiente como para permitirme ser consciente no solo de la música, sino también del hecho de que la estaba escuchando. En otras palabras, *era consciente de que era consciente*.

Esto no tenía nada de extraordinario. Al contrario, resultaba obvio que el simple hecho de ser consciente, o la propia conciencia, era el aspecto más familiar e íntimo de mi experiencia. Sin embargo, antes la había pasado por alto debido a que estaba centrado casi en exclusiva en mi experiencia (en este caso, el contenido de la música).

A su debido tiempo, la música volvió a captar mi atención, pero me di cuenta de que durante el recital había momentos en los que se desvinculaba de forma espontánea de ella y regresaba sin esfuerzo al propio hecho de ser consciente. A veces incluso parecía como si algo tirase hacia atrás de mi atención, alejándola de su contenido y arrastrándola hacia el hecho de simplemente ser consciente, hacia la conciencia misma.

Después de un tiempo, me percaté de que tenía la capacidad de viajar hacia delante y hacia atrás con mi atención, de alternar entre la música que ocupaba el primer plano y la presencia de la conciencia que constituía su trasfondo.

Empecé a explorar esta nueva facultad, y en algún momento me percaté de que entre el trasfondo de ser consciente y el primer plano de la música había una capa central de experiencia, una zona intermedia, por así decirlo, de pensamientos, sentimientos y sensaciones corporales.

Mi experiencia constaba de tres elementos: el primero era el mundo externo (compuesto por la sala de conciertos, el público y la música); el segundo, mi mente y mi cuerpo (el mundo interno de pensamientos, sentimientos y sensaciones); y el tercero, en el trasfondo, el propio hecho de ser consciente o la conciencia misma.

Era como si hubiera dado un paso atrás y me hubiese distanciado de mi mente y mi cuerpo (con los que normalmente me identificaba). Ahora habían pasado a formar parte del primer plano de mi experiencia, mientras que yo permanecía como la presencia de la conciencia que yacía tras ellos y los observaba, del mismo modo que observaba la actuación.

Mientras mi atención iba y venía entre estos tres reinos, me di cuenta de que la persona que normalmente consideraba que era (mi mente y mi cuerpo) era también en sí misma parte del contenido objetivo de la experiencia *de la que* era consciente (junto con el auditorio, el público y la música).

En particular, vi que mis pensamientos y mis sentimientos constituían una capa de experiencia que no solo se añadía a la experiencia que tenía del mundo, como si se tratase de una especie de subtítulos de una película, sino que además interpretaba el mundo a través de esta capa de pensamientos y sentimientos.

Tiempo después también llegaría a darme cuenta de que mi experiencia del mundo viene filtrada a través de mis percepciones sensoriales, las cuales imponen sus propias limitaciones a todo lo que se percibe. A su vez, esto me llevaría a cuestionarme qué es el mundo en sí mismo, más allá de estas limitaciones, pero en aquel momento fue más que suficiente con poner en tela de juicio el sentido habitual que tenía de mí mismo.

Un cambio de identidad

En algún momento surgió de manera espontánea en mi mente una pregunta: «¿Quién soy realmente?, ¿soy los pensamientos, sentimientos y sensaciones de los que soy consciente, o soy yo aquello que es consciente de ellos?».

Para entonces ya estaba familiarizado con el uso que el sabio indio Ramana Maharshi hacía de este tipo de cuestionamiento, un método conocido como *autoindagación*, pero me parecía demasiado mental y abstracto. Sin duda, la pregunta que surgió en esta etapa de mi vida fue resultado del interés que tenía por estos temas, pero en esta ocasión brotó en mí como si fuera la primera vez. Me sentía profundamente conectado a mi experiencia.

Este cuestionamiento no era solo un ejercicio mental. Tampoco se trataba de un método que practicase con el fin de lograr un resultado determinado. Parecía estar ocurriendo espontáneamente, aunque yo cooperaba con él.

Se hizo evidente que lo que sea que es consciente de nuestros pensamientos e imágenes mentales no es en sí mismo un pensamiento o una imagen mental. ¿De qué se trata entonces?

Lo que sea que es consciente de nuestros sentimientos y sensaciones no es en sí mismo un sentimiento o una sensación. ¿Qué es entonces?

Lo que sea que percibe el mundo no es en sí mismo una imagen, un sonido, un sabor, una textura o un olor. ¿Qué es entonces?

Es simplemente aquello que conoce o es consciente. Es nuestro yo, nuestro ser. Es la conciencia* misma.

Antes de que se produjese este reconocimiento siempre me había

---

* En este punto, el autor aclara en la obra original que emplea los términos *awareness* y *consciousness* como sinónimos, por lo que, si bien *awareness* suele traducirse al castellano como «conciencia» y *consciousness* como «consciencia», en este caso se ha optado, en aras de una mayor claridad y sencillez, por traducir ambos términos como «conciencia». (*N. del T.*)

considerado una persona, un cuerpo-mente, una amalgama de pensamientos, sentimientos y sensaciones. Me parecía que era yo *como esta persona* quien era consciente del mundo. Como tal, consideraba que la conciencia era un *atributo* del cuerpo-mente, una facultad que yo, como persona, *poseía*.

Sin embargo, en ese momento me di cuenta de que la persona que antes imaginaba ser en realidad era algo *de lo que era consciente*, junto con la experiencia que tenía del mundo.

Reconocí que yo era esencialmente *lo que conoce* o *es consciente* de todo el contenido de la experiencia, incluidos los pensamientos, las imágenes mentales, los recuerdos, los sentimientos y las sensaciones que constituyen la mente y el cuerpo.

Comprendí que no soy yo como *persona* quien es consciente del mundo, sino que yo como *conciencia* soy consciente de la persona y del mundo.

La transición que nos lleva de creer que somos una persona que posee la facultad de la conciencia a la comprensión de que somos la conciencia misma puede parecer un pequeño paso, pero conlleva enormes implicaciones tanto para el individuo como para la evolución de la humanidad en su conjunto. De hecho, yo diría que se trata del siguiente paso evolutivo, un paso del que depende la supervivencia de la humanidad tal como la conocemos.

La comprensión «Yo soy conciencia» es la primera gran comprensión. No se trata de un reconocimiento extraordinario o de algo a lo que sea difícil acceder. De hecho, aparece consagrado en el lenguaje común. Decimos: « (Yo) *conozco* mis pensamientos y las imágenes mentales que percibo», «(Yo) soy consciente de los sentimientos y las sensaciones que tengo» o «(Yo) percibo el mundo».

En cada una de estas afirmaciones nos reconocemos a nosotros mismos como el elemento que *conoce*, *es consciente* o *percibe*, mientras que a los pensamientos, las imágenes mentales, los sentimientos, las sensaciones y las percepciones los reconocemos como *objetos* que conocemos, de los que somos conscientes o que percibimos.

En otras palabras, no somos esencialmente los pensamientos, las imágenes mentales, los recuerdos o las historias sobre nuestra vida, sino *aquello que los conoce*. No somos esencialmente los sentimientos o las sensaciones, sino *aquello que es consciente de ellos*. No somos las imágenes, los sonidos, los sabores, las texturas y los olores que constituyen nuestra experiencia del mundo, sino *aquello que los percibe*.

No somos nada de lo experimentado, sino *aquello que experimenta*.

No somos esencialmente nada *de lo que* seamos conscientes, sino simplemente el propio hecho de conocer, ser consciente o la conciencia misma.

Soltar

Entiendo que no soy el cuerpo o la mente, pero ¿quién sería si me desprendiese de todas las cosas y de todas las personas con las que me relaciono y con las que me identifico?

Serías el mismo yo inherentemente pacífico e incondicionalmente realizado que ya eres, aunque ahora no te reconozcas como tal debido a que te identificas o te confundes con el contenido de tu experiencia. La única diferencia es que lo que ahora consideras como una posibilidad lejana se convertiría en tu experiencia viva y sentida.

Todas las noches dejas ir voluntariamente y sin esfuerzo todas las cosas y las personas con las que te relacionas o te identificas y caes en el sueño profundo. En la experiencia del sueño profundo estás completamente solo. Todo lo que no es esencial en ti ha desaparecido, por lo que experimentas la paz de tu verdadera naturaleza.

Si dejar ir a todas las cosas y las personas fuese una experiencia traumática o aterradora, nos daría pavor quedarnos dormidos por la noche. ¡Sin embargo, ansiamos que llegue ese momento! ¿Por qué? Porque nos da acceso a la paz de nuestra verdadera naturaleza, que, durante el día, queda velada o enmascarada por lo que pensamos, lo que sentimos, nuestras acciones y nuestras relaciones.

De hecho, cuando nos quedamos dormidos no entramos en un nuevo estado. Siempre somos esencialmente la presencia de la conciencia. Sin embargo, durante los estados de vigilia y de sueño con sueños, la olvidamos, la pasamos por alto o, más exactamente, queda cubierta o eclipsada por los pensamientos, los sentimientos, las sensaciones y las percepciones. En estos dos estados, la conciencia está tan completamente entremezclada con el contenido de la experiencia que no la reconocemos como tal. Queda velada por la experiencia.

Del mismo modo, cuando salimos del sueño profundo y pasamos a los estados de sueño y vigilia, la presencia de la conciencia que somos en esencia no cambia ni desaparece. Simplemente queda oculta o velada por la experiencia. Nuestro ser esencial de conciencia pura no necesita que le liberen, pues ya está inherentemente libre del contenido de la experiencia.

De modo que no es necesario que nos desprendamos de nada ni de nadie. Tan solo hace falta que reconozcamos nuestra naturaleza esencial de conciencia pura que subyace detrás de toda experiencia y resplandece en medio de toda experiencia.

Tampoco perderás tu capacidad de pensar, sentir, actuar, percibir y relacionarte. Al contrario, estas actividades se verán enormemente realzadas por esta nueva comprensión de tu ser, ya que verás con claridad esa entidad en cuyo nombre surgen y a cuyo servicio se emprenden.

3. ¿Eres tú mi ser?

> «El hogar no está ni aquí ni allá.
> O está dentro de ti
> o no está en ninguna parte».
>
> HERMAN HESSE

Si la presencia de la conciencia es la característica primordial de la experiencia, ¿por qué casi todos estamos desconectados de ella?

Se debe simplemente a que nos perdemos en (o nos identificamos con) el contenido de nuestra experiencia. Si alguien nos pidiera que echásemos un vistazo a la habitación en la que estamos sentados y describiésemos lo que estamos experimentando, la mayoría haría alusión a sillas, libros, papeles, fotografías, cuadros, una mesa, etc.

Muy pocos mencionarían el espacio de la habitación. ¿Por qué? Pasamos por alto el espacio porque no tiene características objetivas que se puedan ver, oír, saborear, oler o tocar. Pero, al mismo tiempo, tampoco podemos decir que no lo estemos experimentando.

Del mismo modo, si alguien nos pidiera que describiésemos en general la experiencia que estamos teniendo en este momento, casi todos enumeraríamos nuestros pensamientos, imágenes mentales, recuerdos, sentimientos, sensaciones corporales, percepciones del mundo, actividades, relaciones, etc. Muy pocos mencionaríamos la presencia de la conciencia. ¿Por qué?

El hecho de ser consciente es el elemento más evidente, íntimo y familiar de la experiencia y, sin embargo, no tiene características objetivas. Al igual que el espacio, no se puede ver, oír, saborear, oler ni tocar. Por así decirlo, es transparente y silencioso, está vacío. Y, sin embargo, sin él no podría haber experiencia.

Pasar por alto nuestra verdadera naturaleza

Es inconcebible que una paisajista se pase toda la vida pintando en la naturaleza, observando los árboles, los campos, los animales, las flores y las nubes sin ser consciente en ningún momento de la luz del sol. La luz no se puede ver directamente, pero es lo que hace que el mundo sea visible. ¡De hecho, es lo único que el paisajista ve en realidad!

Del mismo modo, la conciencia hace que toda experiencia sea cognoscible. Por esta razón decimos que la conciencia es *luminosa*: es el factor iluminador en toda experiencia, el elemento que conoce o percibe toda experiencia. Como tal, es el elemento primario y más importante de la experiencia, y, sin embargo, casi siempre la pasamos por alto o la ignoramos en favor del contenido objetivo de la experiencia.

Considera la cantidad de conocimientos y de experiencias que cada uno de nosotros acumulamos durante nuestra educación. ¿Acaso nuestros padres o alguno de nuestros maestros nos preguntó alguna vez qué es lo que sabe o es consciente de todo ese conocimiento y todas esas experiencias? Aún no he conocido a nadie que pueda responder afirmativamente a esta pregunta.

¿No resulta extraordinario que, como cultura, hayamos pasado por alto casi de forma universal el elemento primordial y más importante de la experiencia? ¿Y podría haber algo más interesante que conocer la naturaleza de aquello a través de lo cual conocemos todo lo demás? De hecho, ¿es posible saber qué es verdaderamente algo sin conocer primero la naturaleza de aquello con lo que lo conocemos?

El hecho de conocer, ser consciente o la propia conciencia está más cerca de nosotros que nuestra respiración, más cerca que nuestros pensamientos más íntimos o nuestros sentimientos más preciados. De hecho, no está *cerca* de nosotros, sino que *es* lo que esencialmente somos. Nos pasa desapercibida precisamente porque es muy íntima y familiar, no porque sea remota, desconocida o inaccesible.

A veces se dice que la conciencia trasciende la experiencia, en el sentido de que se encuentra más allá de esta y, como tal, está fuera de nuestro alcance, es incognoscible y misteriosa. Nada podría estar más lejos de la verdad. La conciencia yace *tras* la capa de pensamientos, sentimientos y percepciones con la que normalmente nos identificamos, es *previa* o *anterior* a ella, al igual que se podría decir que una pantalla se encuentra detrás y es previa o anterior a la película que aparece en ella.

Si pasamos por alto la conciencia, no es porque nos sea desconocida, sino porque la conocemos *demasiado bien*. Puede que en este caso no se aplique aquello de que «la confianza genera menosprecio», pero ciertamente explica el descuido. Tendemos a pasar por alto el espacio de una habitación o la luz de un paisaje porque nuestra atención se centra exclusivamente en los objetos. Sin embargo, en cuanto relajamos la atención, nos volvemos conscientes del espacio o de la luz.

Del mismo modo, la presencia de la conciencia nos pasa desapercibida debido a que nuestra atención está centrada de forma exclusiva en el contenido de la experiencia (es decir, en nuestros pensamientos, sentimientos, sensaciones, percepciones, actividades y relaciones). Sin embargo, la conciencia es como el espacio o la luz: en cuanto nuestra atención se relaja, nos volvemos conscientes de ella.

Por eso se dice en la tradición tántrica del shivaísmo de Cachemira que la conciencia es «el mayor secreto, más oculto que lo más oculto y, no obstante, más evidente que lo más evidente».[1]

Cuando sugiero que pasamos por alto la presencia de la conciencia de la misma manera que pasamos por alto el espacio de una habitación o la luz del sol de un paisaje, estoy dando a entender que nosotros somos una cosa y la conciencia otra, pero no es esa mi intención. *¡Somos la conciencia!*

Somos nosotros, la conciencia, quienes, al dirigir la luz de nuestra atención hacia el contenido objetivo de la experiencia, pasamos por alto nuestro ser, el sujeto de la experiencia. Cuando el foco de nuestra atención se distiende y nos damos cuenta de que somos conscientes, somos nosotros, la conciencia, quienes relajamos nuestra atención de su contenido objetivo y, en consecuencia, nos volvemos conscientes de nuestro ser.

Regresamos a nuestro yo, lo recordamos. Sin embargo, no se trata de un recuerdo de algo que una vez supimos y después olvidamos, sino que es el reconocimiento de lo que ya somos y siempre hemos sido, pero que, por lo general, ignoramos o pasamos por alto.

---

1.   Gracias a Mark S. G. Dyczkowski por esta cita.

A este olvido, a este pasar por alto la presencia de la conciencia, podríamos denominarlo el TDC (trastorno por déficit de conciencia)* original que la gran mayoría de los seres humanos sufren sin saberlo. Es la causa de todo el sufrimiento psicológico del individuo y de los conflictos entre personas, comunidades y naciones.

En la tradición vedántica se le llama *ignorancia*, en el sentido de ignorar nuestra verdadera naturaleza, y en el cristianismo se conoce como el *pecado original*, es decir, el error primario que da origen a todos los errores subsiguientes.

El hecho de conocer, ser consciente o la propia conciencia no es algo que algunas personas posean en mayor medida que otras, ni tampoco es más accesible para unos que para otros. Nadie tiene un acceso privilegiado a ella. Está disponible para todo el mundo, en todo momento y bajo cualquier circunstancia, simplemente en virtud del hecho de que todo el mundo es consciente, sea cual sea el objeto concreto del que son conscientes en un momento determinado de la experiencia.

Se reconoce con facilidad en cuanto relajamos o distendemos el foco de nuestra atención para retirarlo del contenido objetivo y regresar a nuestro ser. Es la presencia silenciosa que subyace en y tras toda experiencia.

---

* El autor establece aquí un paralelismo con el TDA (trastorno por déficit de atención), pero en el original inglés reemplaza el significado original de ADD, *attention deficit disorder*, por *awareness deficit disorder*, es decir, «trastorno por déficit de conciencia». *(N. del T.)*

Regresar a la presencia de la conciencia

Durante las semanas que siguieron a la experiencia que tuve en los conciertos de Londres, notaba a menudo que aparecían ciertas lagunas en el flujo de la experiencia, intervalos en los que mi atención volvía sin esfuerzo al hecho de ser consciente. Era como si la atención fuese una calle de doble sentido que se podía recorrer en una dirección (hacia el contenido de la experiencia) y en dirección opuesta (hacia mí mismo, la presencia de la conciencia).

También me percaté de que muchas veces la capa intermedia de pensamientos y sentimientos aparecía como respuesta a mi experiencia del mundo. Si me gustaba lo que fuese que estuviese experimentando, trataba de aferrarme a ello; si no me gustaba, intentaba deshacerme de ello.

Dicho de otro modo, me di cuenta de que en muchas ocasiones la experiencia iba acompañada de una sensación de insatisfacción. A veces esta insatisfacción apenas era perceptible, como un leve sentimiento de aburrimiento o una sensación de carencia no lo bastante intensa como para llamar mi atención, pero que me mantenía sin darme cuenta en un estado más o menos continuo de búsqueda y resistencia.

En otras ocasiones sentía la insatisfacción plenamente bajo la forma de un sufrimiento intenso. Siempre que me percataba de esto, hacía un esfuerzo consciente para regresar a la presencia de la conciencia que se halla en el trasfondo de la experiencia, porque ya había comprendido que, al estar desprovista de toda cualidad objetiva, era un lugar de paz o de refugio en mí mismo.

Algunas veces esto me resultaba sencillo y no requería casi ningún esfuerzo, mientras que en otras ocasiones había cierta resistencia por mi parte. En respuesta a esta renuencia, comencé a desarrollar el hábito o la práctica regular de devolver mi atención a su fuente en la presencia de la conciencia.

Este nuevo hábito era muy simple. De niño me crié con el libro de P.D. Eastman *¿Eres tú mi mamá?*, en el que a un pajarito recién nacido le separan de su madre y, después, este parte en su busca. Pasado un tiempo, el pajarito se encuentra con un gatito y le pregunta: «¿Eres tú mi mamá?». «No», responde el gatito. Después se encuentra con una gallina. «¿Eres tú mi mamá?», le pregunta. «No», responde la gallina.

El pajarito continúa su viaje haciéndole la misma pregunta a todo lo que encuentra –un perro, una vaca, un coche, un barco y un avión–. Finalmente, consigue regresar a su nido y se reencuentra con su madre.

La práctica de retirarse del contenido de la experiencia y descansar en y como la presencia de la conciencia sigue un proceso similar. Simplemente, le preguntamos a cada experiencia que encontramos: «¿Eres tú mi ser?».

Cuando vemos una montaña, un edificio, una persona o una película, no lo confundimos con nosotros mismos. Son lo que *conocemos*, lo que *experimentamos*, no lo que *somos*.

Análogamente, cuando encontremos un pensamiento, una imagen mental, un sentimiento o una sensación, simplemente hemos de preguntarle: «¿Eres tú lo que yo soy en esencia?». Todas estas cosas son objetos de la experiencia que conocemos, presenciamos o experimentamos, es decir, objetos que percibimos mediante la conciencia. No somos más nuestros pensamientos, imágenes mentales, sentimientos y sensaciones de lo que somos una montaña, un árbol o una película.

Esta simple pregunta nos invita a relajar o suavizar el foco de la atención y retirarlo de su contenido objetivo, lo que facilita el reconocimiento de nuestro yo como la presencia testigo de la conciencia, la presencia que conoce o percibe.

La mayoría de la gente está tan acostumbrada a prestar atención de manera exclusiva al contenido de su experiencia que en un primer momento puede parecer que el proceso de dar un paso atrás y descansar como la presencia de la conciencia implica un esfuerzo o una práctica.

En este caso, podemos preguntarnos a nosotros mismos algo como «¿Quién soy yo realmente?», «¿Qué es lo que conoce o es consciente de mi experiencia?», «¿Cuál es el elemento continuo o permanente en todas mis experiencias cambiantes?» o «¿Qué parte de mí es imposible eliminar o separar?».

Todo esto son variaciones de la misma pregunta, lo que yo llamo la *pregunta sagrada*, cuyo propósito es invitarnos delicadamente a retirar la atención de los contenidos objetivos y regresar a nuestro yo, a la presencia de la conciencia. Esa es la esencia de la autoindagación.

Como alternativa a este estilo de cuestionamiento, también podemos razonar que nada de lo que aparece y desaparece en nuestra experiencia puede ser esencial en nosotros. Solo el hecho de ser consciente permanece presente de forma consistente, por lo que solo el hecho de ser consciente puede considerarse como nuestro yo esencial.

Puede que durante un tiempo la atracción de la experiencia objetiva sea tan fuerte que nos parezca que solo es posible permanecer conscientemente en la presencia de la conciencia por breves periodos, y es posible que sea necesario recurrir de forma regular a preguntas o líneas de razonamiento como estas. Sin embargo, aunque al principio no nos demos cuenta, cada vez que regresamos a la conciencia estamos erosionando o socavando el viejo hábito de perdernos en el contenido de la experiencia y estableciéndonos en nuestra verdadera naturaleza.

Con el tiempo, entendernos y sentirnos como la presencia de la conciencia se vuelve tan natural que ya no hace falta que la mantengamos con un esfuerzo o una práctica, ni tampoco es necesario evocarla recurriendo a alguna pregunta o línea de razonamiento.

Del mismo modo que antes no necesitábamos recordarnos todo el rato a nosotros mismos que somos un hombre o una mujer, sencillamente porque era nuestra identidad predeterminada, ahora ya no es necesario que nos recordemos o que hagamos el esfuerzo de ser de forma consciente la presencia de conciencia. Simplemente se convierte en nuestra nueva identidad. Puede que aún haya momentos de olvido, pero cada vez se dan con menos frecuencia y duran menos tiempo.

En cierta ocasión, alguien le preguntó al sabio indio Atmananda Krishna Menon cómo podemos saber cuándo estamos establecidos en nuestra verdadera naturaleza, a lo que él respondió: «Cuando los pensamientos, los sentimientos, las sensaciones y las percepciones ya no puedan alejarte de ti mismo».

A medida que el contenido de nuestra experiencia va perdiendo de forma gradual su capacidad para alejarnos de nuestro ser, ya no es necesario que nos apartemos o tomemos distancia de él. Somos conscientemente la presencia de la conciencia tanto en periodos formales de meditación (cuando retiramos la atención del contenido de la experiencia) como durante la vida cotidiana, en medio de la experiencia.

El dilema de la atención queda resuelto. El conflicto entre la conciencia y la experiencia se atenúa. La experiencia se vuelve cada vez más transparente para la presencia de la conciencia y nos sentimos en casa en cualquier lugar.

4. El arte de la autoindagación

«De entre todos los *koans*, "yo" es el más profundo».

IKKYU

¿Podrías poner algún ejemplo de cómo se aplica la autoindagación?

Recuerdo a un joven que asistió a uno de mis retiros hace varios años. Su rostro mostraba las marcas de toda una vida de sufrimiento. Durante el retiro, me daba cuenta claramente de que quería manifestar su resistencia en forma de pregunta, y unos días antes del final intentó rebatir mi propuesta de que su naturaleza es inherentemente pacífica:

–Si mi naturaleza esencial es la libertad, la paz y la felicidad, entonces ¿por qué me paso la mayor parte del tiempo sufriendo?

Le sugerí que se debía simplemente a que se había perdido en (o identificado con) el contenido de su experiencia.

–Pero mi experiencia es tan intensa y abrumadora la mayor parte del tiempo –respondió– que no sé cómo puedo *desidentificarme* de ella.

–Solo sería necesario que te desidentificases del contenido de la experiencia –le indiqué– si, para empezar, fueses idéntico a dicho contenido.

»¿Tiene que esforzarse el espacio de una habitación para no identificarse con sus cuatro paredes, o para desprenderse de todos los objetos o las personas que salen de la habitación? Solo tendría que hacerlo si previamente estuviese unido o vinculado a ellas, pero el espacio de la habitación ya es inherentemente libre y está en reposo.

»Tú eres así –le sugerí–. Solo necesitas reconocerte a ti mismo como tal.

–Entonces, ¿qué me impide hacerlo?

–Solo un viejo hábito condicionado –le respondí–. Nuestra cultura nos ha educado desde una edad temprana para que creamos ciertas cosas sobre nosotros mismos, y lo hacemos sin dudarlo. Esto puede funcionar más o menos bien durante un tiempo, pero tarde o temprano el sufrimiento que inevitablemente acompaña a estas presunciones nos fuerza a ponerlas en tela de juicio. La presunción fundamental es que nuestro yo o ser esencial está condicionado y limitado por el contenido de la experiencia.

Tras darle al joven un momento para asimilar esto, le pedí que nos hablara de su yo.

–Cuando vine por primera vez a estos retiros… –empezó a contar, pero le interrumpí:

–Estás describiendo un recuerdo, pero queremos que nos hables de tu yo, de tu ser.

–Siento que estoy destinado a sufrir toda la vida –dijo con aire de resignación.

–Ahora nos estás hablando de un sentimiento, no de tu ser. Tus sentimientos aparecen ante ti, surgen en tu interior, pueden persistir por algún tiempo, pueden ser familiares y repetitivos, pero tarde o temprano se desvanecen. Has dicho «(Yo) siento que», así que háblanos de eso a lo que te refieres cuando dices «yo», no sobre lo que sientes.

–Pienso que es…

–¡No nos hables de tus pensamientos! –le interrumpí nuevamente para evitar que diera otro paso en la dirección equivocada–. Háblanos de ese «yo» en el que aparecen tus pensamientos.

–Yo…

Después hubo un largo silencio.

–¡Perfecto! –murmuré. Aunque no quería perturbar el silencio, lo hice porque sentí que el pensamiento empezaba a tomar el control otra vez–. Tienes la innegable sensación de simplemente ser. «Yo» es el nombre que le das a ese ser. Cuéntanos más.

–Yo soy…

Siguió otro largo silencio.

A esta altura de la conversación, el hombre tenía los ojos cerrados y vi que la tensión en su rostro se había relajado. Me daba cuenta de lo sincera y atentamente que estaba participando en nuestra charla. Solo estaba prestando atención a su ser, al simple hecho de ser, antes de que su experiencia le confiriese cualidades de algún modo. No hubo ninguna lucha con el contenido de la experiencia; simplemente ahora mostraba un mayor interés por la naturaleza de su ser.

Era evidente que ya no hacía falta que le guiase a través de una serie de preguntas, ni siquiera que interpretase su experiencia. En aquel momento, aunque había doscientas personas en la sala, el silencio reinante era tan total que podría haberse oído caer un alfiler. Sentí que todos estábamos compartiendo la misma experiencia, participando en la experiencia de simplemente ser.

Entonces el hombre abrió los ojos y, con una amplia sonrisa, me preguntó:

–¿Es así de simple?

Pero no hizo falta que respondiese a su pregunta retórica, pues su propia experiencia ya era suficiente evidencia.

Buscar el origen de nuestro ser

Más tarde aquel mismo día, este mismo hombre preguntó:

–¿Qué pasa si todo ese antiguo sufrimiento vuelve a surgir?

–Probablemente así será –admití–, debido a la fuerza de la costumbre. Un primer vislumbre de nuestra verdadera naturaleza no borra años y años de condicionamiento. En casi todos los casos, los antiguos condicionamientos vuelven a aparecer. Pero cada vez que eso ocurra, lo único que tienes que hacer es rastrear el origen de tu ser esencial tal como acabas de hacer aquí y descansar ahí, como eso. Cada vez que lo haces, estás debilitando el viejo hábito de perderte o identificarte con el contenido de tu experiencia y, en cambio, te estableces con mayor firmeza en tu verdadera naturaleza de paz.

No volvimos a hablar durante un día o así, pero me percaté de que, si bien antes se había mantenido apartado del grupo, ahora hablaba animadamente con otros asistentes y participaba de buen grado en las actividades comunes, como las comidas o los paseos vespertinos por el campo. El último día del retiro estaba ansioso por hacer otra pregunta:

–He entendido lo que querías decir cuando me indicaste que lo único que tenía que hacer era rastrear mi camino de regreso a mi verdadera naturaleza y descansar ahí, así que he seguido haciéndolo. Sin embargo, después de un tiempo me he dado cuenta de que no podía encontrar ese «yo» que rastreaba el camino de regreso a mi verdadera naturaleza. Solo estoy yo, esa presencia pacífica. ¿Tiene sentido lo que digo?

–Sí, tiene sentido –le respondí.

A continuación le expliqué que la sugerencia de rastrear el camino de regreso a nuestra verdadera naturaleza y descansar ahí, como eso, no es más que una concesión compasiva que se le ofrece a quien cree ser un yo que sufre y se siente como tal.

–Si hace un par de días te hubiera dicho que el yo en cuyo nombre surge tu sufrimiento es una ilusión y, por implicación, que tu propio sufrimiento es una ilusión, sospecho que te habrías sentido frustrado. Eso solo habría añadido otra capa más de resistencia a tu experiencia actual de sufrimiento, con lo que tan solo hubiese conseguido agravarlo. Así que le di al yo que aparentemente sufre algo que hacer: rastrear el camino de regreso a tu propio ser y descansar ahí o permanecer como tal en todo momento. Con tan solo intentar esto unas pocas veces, has llegado a la comprensión de que ya y siempre eres la presencia de la conciencia inherentemente pacífica e incondicionalmente plena. No es algo en lo que te hayas convertido a través del esfuerzo o la práctica, sino que simplemente reconoces que ya y siempre eres eso. Es decir, eso se reconoce a sí mismo, en ti, como tú.

–¿Hay algo más que deba hacer ahora? –preguntó.

–Si esto está claro, no queda nada por hacer –le expliqué–. En todo caso, ¿quién lo haría, y con qué fin? La cuestión de hacer o dejar de hacer algo sencillamente ya no se plantea. Sin embargo, si esto no está claro, es decir, si el sufrimiento surge de nuevo, sé consciente de que aparece en nombre del yo temporal y finito que, al menos en ese momento, crees que eres.

»Una vez más, puedes limitarte a rastrear el camino de regreso a tu naturaleza inherentemente pacífica e incondicionalmente plena como conciencia pura. Con el tiempo, la aparición del sufrimiento, el reconocimiento de la falsa suposición en cuyo nombre surge y el retorno a tu ser se producirán prácticamente de forma simultánea. Empezarás a establecerte en tu verdadera naturaleza.

»En cuanto surja el sufrimiento, se topará con el espejo de la comprensión y se disolverá sin esfuerzo. La autoindagación (la indagación del ser) da paso a la permanencia en el ser. La felicidad que buscamos se revela como la felicidad que somos.

Esta comprensión es la resolución de la búsqueda. Nos lleva de vuelta al lugar del que en realidad nunca salimos. Abandonamos nuestro hogar y emprendimos una gran aventura en busca de la paz y la realización..., solo para descubrirnos nuevamente en casa, como si fuera por primera vez.

Lo cierto es que jamás abandonamos nuestro hogar. Se parece más a cuando alguien se queda dormido y sueña que se embarca en un viaje épico. Vive muchas experiencias traumáticas en la infancia, crece, se casa, tiene una familia, se esfuerza por ganarse la vida, envejece, enferma y muere. Y al fallecer, se despierta y descubre que todo el tiempo estuvo acostado en paz en su cama.

El viaje es el camino sin camino que va de nosotros a nosotros mismos, de nuestro yo a nuestro yo, de la felicidad que buscamos a la felicidad que somos. Irónicamente, para que esto quede claro casi siempre es necesario embarcarse en algún tipo de viaje. Por eso Bayazid Bastami dijo: «Aquello que anhelamos no se puede encontrar buscándolo y, sin embargo, solo los buscadores lo encuentran».[1]

*   *   *

1.   James Fadiman y Robert Frager, *Essential Sufism* (HarperCollins, 1997).

Me atormenta la sensación de ser un fracaso y no haber alcanzado mi potencial en la vida. He intentado muchas cosas para abordar este sentimiento, pero simplemente persiste. ¿Me puede ayudar la práctica de la autoindagación?

En este enfoque no le prestamos demasiada atención al sentimiento de fracaso o la falta de plenitud. En lugar de eso, vamos directamente al núcleo del problema, el «yo» en cuyo nombre surgen tales sentimientos.

Todo sufrimiento emocional o psicológico surge en nombre de esa entidad, por lo que, al resolver este asunto de una vez por todas, no nos ocupamos simplemente del sentimiento de que somos un fracaso o que no nos sentimos realizados, sino que abordamos la fuente de todas las emociones aflictivas.

Cuando exploramos el «yo» en torno al cual gira nuestro sufrimiento, no encontramos ningún individuo que se sienta frustrado, insatisfecho, ansioso, solo, confundido, etc.; encontramos nuestro ser esencial, que está completamente libre de tales sentimientos. Es decir, nuestro ser esencial se descubre o se reconoce a sí mismo. Es abierto, vacío, está en paz y no hay en él ningún sentido de carencia. Es nuestro estado natural.

De hecho, ni siquiera es necesario que lo conceptualicemos como paz o felicidad. Solo lo hacemos para contrastarlo o diferenciarlo de nuestro estado anterior de desasosiego y carencia. Una vez que permanecemos por algún tiempo en este estado natural, nos acabamos acostumbrando a él y se convierte en nuestra nueva normalidad.

Lo único que hemos de hacer es permanecer cn contacto con nuestro ser, la presencia de la conciencia inherentemente pacífica e incondicionalmente plena, hasta que se convierta en nuestro *nuevo* sentido de identidad. De hecho, en realidad no es un nuevo sentido de identidad, sino que se trata del familiar sentido del yo que siempre nos acompaña, que *somos* nosotros, pero que ahora ha sido liberado de su anterior agitación y sentido de carencia.

El sentimiento de insatisfacción que nos ha acompañado durante la mayor parte de nuestra vida sencillamente desaparece, no porque le hayamos hecho algo, sino porque hemos socavado la premisa fundamental sobre la que se erigía. Nos sentimos plenos, realizados, pero por ningún motivo en particular.

Todas nuestras facultades físicas y mentales permanecen intactas. Tan solo se liberan de la tiranía del yo separado, por lo que ahora están disponibles para usarlas al servicio de las cualidades que nos son inherentes; es decir, la paz, la alegría, el amor y la libertad.

*   *   *

¿Cómo podemos evaluar la autenticidad de una enseñanza?

Una de las características de la verdadera enseñanza es que no está afiliada a ninguna posición, actitud o práctica en particular. No es un cuerpo de conocimientos y prácticas que se divulgue como si fuese un temario de matemáticas o de historia. No es más que una respuesta espontánea a una situación o a una pregunta que proviene directamente de la comprensión o el amor.

La comprensión o el amor no tienen forma propia, por lo que son libres de asumir cualquier forma o acción que se adapte perfectamente a una circunstancia o pregunta concreta, del mismo modo que si sumergimos un cubo en el mar extraemos una medida de agua que se ajusta de manera única y exquisita a las proporciones de dicho cubo.

La verdadera enseñanza no se puede evaluar solo por su forma o su contenido, sino que hay que tener en cuenta también la fuente en la que se origina. Cualquier expresión que surja de la comprensión o el amor contiene en su seno una cualidad particular, incluso un poder, que tiene la capacidad de conducir al receptor a esa misma fuente de comprensión y amor en su propio ser. La enseñanza tan solo es el medio por el cual se proporciona a otros un acceso experiencial a esta comprensión y este amor.

La mente finita superpone sus propias limitaciones a todo lo que conoce o percibe, por lo que no puede encontrar la felicidad ni conocer la realidad última. Por esta razón, la enseñanza a menudo se niega a complacer a la mente en sus propios términos y encuentra formas de exponerla y socavarla. Debido a esto, tales enseñanzas pueden recomendar una práctica a una persona y, al momento siguiente, en respuesta a otra pregunta, negarse a sugerir tal práctica.

A algunas personas les basta con unas pocas palabras de orientación. Sin embargo, es probable que quienes poseen una mente inquisitiva y sofisticada planteen objeciones y cuestionen todos los aspectos de la enseñanza. Si una mente así no es reconocida y honrada, tiende a frustrarse y enfadarse. A fin de allanar el camino para que la comprensión y el amor que son la esencia de la enseñanza puedan arraigar profundamente en el corazón y en el cuerpo, en esos casos será necesario elaborar refinadas líneas de razonamiento. Esa clase de personas solo estarán abiertas a una nueva posibilidad cuando las objeciones y preguntas de la mente se hayan respondido de manera satisfactoria.

En este caso, la enseñanza le dará a la mente completa libertad para que explore estos asuntos tanto como desee, e incluso la alentará a hacerlo, permitiéndole así llevarse a sí misma a su propio fin de forma gradual, con naturalidad y sin esfuerzo.

5. La esencia de la meditación

«Dentro de cada uno de nosotros
hay un enorme silencio
que nos invita a regresar a él».

MAESTRO ECKHART

El reconocimiento de nuestra verdadera naturaleza no es una experiencia nueva que nos ocurra, sino la revelación o el percatarse de lo que ya y siempre somos, pero que a menudo olvidamos debido a nuestra fascinación exclusiva con el contenido de la experiencia.

Somos nosotros, la conciencia, quienes, a pesar de ser íntimamente uno con toda la experiencia, parecemos perdernos en ella, pasando por alto así nuestra paz y felicidad innatas. El sufrimiento inevitable que resulta de esto es una invitación que nuestro ser nos hace para que regresemos a él (un aviso para que abandonemos la aventura de la experiencia en la que nos hemos enredado y regresemos a nuestro hogar).

En este reconocimiento no dejamos de ser un tipo de yo para convertirnos en otro tipo de yo. Tan solo dejamos de perdernos en (o de identificarnos con) el contenido de la experiencia y nos reconocemos (es decir, reconocemos nuestro ser) como la presencia inherentemente pacífica de la conciencia que subyace tras dicho contenido.

No podemos *convertirnos* en lo que ya y siempre somos, ni tampoco podemos *ser* lo que no somos. Solo podemos dejar de imaginar y sentir que somos algo distinto a la presencia de la conciencia. Una vez que nos hemos desenredado del contenido de la experiencia, nuestra verdadera naturaleza resplandece por sí misma, igual que el cielo azul se revela cuando las nubes se dispersan.

Desenmarañar nuestro ser

Si el olvido o la ignorancia de nuestro yo esencial es el velo de nuestra felicidad innata y la causa última del sufrimiento psicológico, entonces el recuerdo o el conocimiento claro de nuestro yo esencial es el medio por el cual podemos *eliminar* este olvido o ignorancia, de modo que nuestra paz y felicidad se revelen.

Si alguien cree que tiene COVID, puede hacerse una prueba. Si da negativo, simplemente desaparece su desconocimiento de su estado de salud. No podemos decir que la eliminación de la ignorancia sea la causa de su buena salud. Tan solo le permite reconocer plenamente lo que ya es así, lo que ya es el caso. Del mismo modo, el reconocimiento de nuestra verdadera naturaleza no es la *causa* de la felicidad, sino solo la eliminación de la ignorancia de nuestra verdadera naturaleza. Es la revelación, el descubrimiento o el desenmascaramiento de nuestro ser, cuya naturaleza es la felicidad misma.

Meditar es relajar el foco de nuestra atención de su contenido, desenmarañar nuestro yo del drama de la experiencia, y la subsiguiente aparición de nuestra naturaleza esencial como conciencia silenciosa.

No es más que el proceso por el cual se revela nuestra naturaleza o ser esencial, una vez que ha sido despojado de todas las cualidades o características que adquiere de la experiencia. En lugar de dejar que nuestra atención se mezcle con el contenido de la experiencia, rastreamos su origen en dirección opuesta. En ausencia de algo a lo que aferrarse, la atención ya no se sostiene y se disuelve en su fuente de conciencia pura.

Este reconocimiento de la naturaleza esencial de nuestro yo se conoce tradicionalmente como *iluminación*, *despertar*, *salvación* o *satori*. Sin embargo, no se trata de una experiencia extraordinaria, mística o exótica. De hecho, no es una experiencia objetiva en absoluto. Alguien le preguntó una vez al maestro zen Shunryu Suzuki por qué nunca hablaba su experiencia de iluminación, y su esposa, que estaba sentada al fondo de la sala, se levantó y exclamó: «¡Porque nunca ha tenido ninguna!». Nuestro ser esencial, nuestra verdadera naturaleza como conciencia pura, simplemente deja de estar velada, eclipsada u «ensombrecida» por la experiencia, de modo que queda expuesta.

Vías directas e indirectas

Este retorno a nuestro ser, al que se alude de muy diversas maneras en las tradiciones religiosas y espirituales, constituye la esencia de la meditación. A veces se le denomina *vía directa*, ya que es el medio por el cual vamos directamente a la felicidad que constituye la naturaleza de nuestro ser (en lugar de hacerlo a través de un objeto, como pueda ser un mantra, la respiración o un maestro).

Ramana Maharshi se refería a esto como «dejar que la mente se sumerja en el corazón». A este respecto, Jesús dijo: «Apártate a solas, cierra la puerta tras de ti y ora a tu padre en privado» (es decir, vuelve la atención hacia tu propio ser y descansa ahí en silencio, completamente solo).

A menudo, este retorno a nuestro ser y su paz inherente se inicia con una investigación, y de ahí su nombre, *autoindagación*. Sin embargo, una vez que la indagación ha provocado el abandono de todo aquello con lo que solemos identificarnos, no se requiere más investigación. La autoindagación (la indagación del ser) da paso a la permanencia en el ser, al recuerdo del ser o simplemente a descansar en el ser, como tal.

Al descansar en nuestro propio ser, su naturaleza ilimitada e inherentemente pacífica se revela, ya sea de manera gradual o de forma repentina. Entonces emerge el recuerdo de nuestra eternidad, pero no del pasado, sino de lo más profundo de nuestro ser, donde siempre ha estado yaciendo en silencio.

Así, la esencia de la meditación es sencillamente ser consciente del propio hecho de ser. Y como siempre somos conscientes del simple hecho de ser, la meditación no es en última instancia algo que hacemos, sino lo que somos.

En el contexto de esta comprensión, ¿cuál es el propósito de las técnicas de meditación que implican centrar la atención en algo, como pueda ser un mantra, una imagen, una llama, la respiración o la pausa entre respiraciones?

Muchos estamos tan acostumbrados a depositar la atención exclusivamente en el contenido de la experiencia que, al principio, traerla de vuelta para que descanse en el corazón de la conciencia puede suponer un reto demasiado difícil. La fuerza de atracción de los pensamientos y sentimientos, la experiencia del cuerpo y el mundo y las exigencias que derivan de nuestras actividades y nuestras relaciones son demasiado intensas.

Así pues, como una concesión compasiva a una mente así, las tradiciones religiosas y espirituales sugieren un compromiso mediante el cual le proporcionan a la mente un objeto en el que enfocarse, a modo de preparación para poder sumergirse en última instancia en el corazón de la conciencia. Esos objetos constituyen una etapa intermedia entre la mente finita y su esencia.

En este caso, la mente, que normalmente está disgregada en diversos objetos de la experiencia, se concentra en un solo objeto. Esto no solo hace que las energías dispersas de la mente confluyan y se aquieten, sino que también le confiere a la mente las cualidades particulares del objeto mismo.

Por ejemplo, un mantra, aunque puede no ser más que una sola sílaba, es la esencia destilada de siglos y siglos de comprensión y, como tal, se considera que contiene esta comprensión codificada en su interior. La repetición de esos sonidos no solo consigue que la mente descanse en un solo objeto, sino que la comprensión preverbal que contiene en su seno (bajo la forma de una vibración sutil) va impregnando de manera gradual la mente, imbuyéndola así de su inteligencia innata.

El mismo principio subyace tras el poder de la música. El rock tiene la capacidad de provocar y articular impulsos instintivos en el cuerpo. La música folk puede despertar el anhelo más profundo en nuestro corazón. Y al escuchar a Bach o a Beethoven podemos intuir que la estructura misma del universo se nos revela de una manera que jamás podríamos captar con la estrecha brújula de la mente.

No es casualidad que, en el pensamiento griego clásico, el Logos o el Verbo sea considerado la primera forma de amor e inteligencia divina, a través de los cuales se manifiesta como el universo. Y al contrario: la música, en general, y los mantras, en particular, son medios que nos permiten retornar a ese amor y esa inteligencia.

El objeto de nuestra atención también puede ser la respiración. Es significativo que en latín tanto el término *spiritus*, del que se deriva nuestra palabra *espíritu*, como el vocablo *anima*, que se refiere al alma o al individuo, puedan traducirse como «aliento» o «respiración». Esto indica que ya en la antigüedad se entendía que la respiración era el principio que conecta a un ser vivo con su origen divino o universal.

Centrar la atención en la respiración se considera una práctica poderosa porque no solo estabiliza la mente, sino que además le infunde su transparencia, preparándola así para su disolución final en el vacío de la conciencia.

Algunas tradiciones recomiendan que al meditar formalmente enfoquemos la atención en una imagen de nuestro maestro, y que en la vida en general nos entreguemos o nos consagremos a su figura. Es obvio que adentrarse en una relación devocional tan intensa tiene muchos riesgos potenciales, pero consideremos brevemente la comprensión que subyace en esta idea.

Bien entendido, el maestro no es una persona como tal, sino el funcionamiento impersonal del amor y la inteligencia. Al poner la atención en un maestro, como Buda, Jesús o Ramana Maharshi, estamos colocando nuestra propia mente en la de ellos, estamos revistiendo nuestra mente individual con la mente divina, hasta que, a través del contacto continuado, se subsume en ella. En la tradición sufí esto se conoce como «vestirse con el maestro».

Conocí a Francis Lucille en 1996, e inmediatamente me di cuenta de que sería la persona que habría de guiarme hacia el reconocimiento de mi verdadera naturaleza. Es decir, se convirtió en mi maestro y, más adelante, en un gran amigo. Durante muchos años estuvimos organizando de forma regular retiros guiados por él en nuestra casa de Shropshire. Al final de uno de esos retiros descubrí que se había dejado olvidada una de sus camisetas en el cajón de mi dormitorio. Al instante reconocí esto como un símbolo de esa cualidad tan única y especial que tiene la amistad que se desarrolla entre maestro y alumno, y que a menudo no requiere un reconocimiento verbal o formal.

Estos son solo algunos ejemplos de cómo las tradiciones religiosas y espirituales han aprovechado la tendencia de la mente a centrarse en los objetos como un medio por el cual la mente misma puede despojarse de su contenido objetivo, revelando así su esencia como conciencia pura.

Muchos también desempeñamos estos rituales sagrados en nuestros hogares, sin que necesariamente nos demos cuenta de ello. Un jarrón con flores sobre la repisa de la chimenea, un cuenco sobre la mesa del comedor, una comida cuidadosamente preparada, un cuadro en la pared… Todos estos objetos invitan a la mente a abandonar su aventura en el pasado y el futuro y regresar a la santidad del ahora, un ahora en el que, despojados de la relación sujeto-objeto, somos uno con la experiencia.

Si hemos de tener éxito a la hora de encontrar la paz y la felicidad que anhelamos por encima de todo, debemos desenredar –de una forma u otra, directa o indirectamente– nuestro yo del contenido de la experiencia y reconocer nuestro ser esencial transparente, desprovisto de toda cualidad.

Hasta hace poco, la vía directa que aquí se sugiere no estaba ampliamente disponible o, si lo estaba, aparecía redactada con un lenguaje que la hacía parecer compleja e inalcanzable. Ya solo por este motivo, muchos empezamos nuestra búsqueda siguiendo una vía indirecta.

Durante la primera conversación que tuve con Francis, me preguntó cómo había llegado a albergar este gran amor por la verdad. Le expliqué que en mi adolescencia mi madre me había dado a conocer la tradición no-dual, y después le hablé de los diversos caminos y prácticas que había explorado durante los veinte años siguientes. Puesto que se trataba de prácticas de naturaleza devocional o en las que había que dirigir la atención hacia un objeto –en mi caso, un mantra–, lamenté haber tardado tanto tiempo en descubrir este enfoque simple y directo.

Francis me respondió de inmediato que no habían sido años perdidos, sino justo lo que necesitaba a modo de preparación. Las prácticas de esos años me permitieron reconocer la verdad cuando le escuché hablar de ella en nuestro primer encuentro. Tras un largo silencio, añadió: «¡Qué hermoso! ¡La madre entregando su hijo a Dios!».

Enfocar y relajar la atención

Existen muchos tipos distintos de meditación. ¿Cómo podemos decidir cuál es el mejor para nosotros?

Todas las prácticas de meditación se pueden dividir en dos grandes categorías en función del uso que hacen de la atención. En el método indirecto descrito anteriormente hay que enfocar o concentrar la atención, mientras que en abordaje directo se relaja. Para distinguir entre ambas, resulta útil tener claro qué entendemos por *atención*.

La palabra *atención* proviene de dos términos latinos: *ad*, que significa «a» o «hacia», y *tendere*, que significa «alargar» o «estirar», lo que implica que la atención es la conciencia «tendiendo, estirándose o dirigiéndose» hacia un objeto de la experiencia.

Cuando decimos «(Yo) tengo un pensamiento» o «(Yo) veo el árbol», el término «yo» se refiere a nuestro ser, la conciencia, el sujeto de la experiencia que conoce o es consciente, mientras que «un pensamiento» o «el árbol» se refieren al objeto conocido o percibido. Conocer y percibir son las vías mediante las cuales la atención conecta al sujeto con el objeto.

Dirigir la conciencia hacia un objeto de la experiencia podría compararse con estirar una goma elástica. Para poder estirar una goma, ambos extremos han de estar anclados o asegurados, lo que genera una tensión en su interior. Cuando meditamos, el hecho de dirigir la atención hacia un objeto es el equivalente a estirar una goma elástica entre dos puntos: en este caso, el sujeto que conoce y el objeto conocido. Es decir, requiere un esfuerzo, pero si bien este esfuerzo puede ser necesario al principio para recoger y estabilizar la mente, en última instancia produce un estado de tensión que no puede traernos la paz.

Si consideramos la atención como el «estiramiento» de la conciencia hacia un objeto, entonces la meditación última es la relajación de dicho movimiento. Hemos de relajar el esfuerzo de la atención. Una vez que la mente se ha acostumbrado a descansar de manera regular en el objeto seleccionado, soltamos el objeto y permitimos que la atención fluya de regreso a su fuente de conciencia pura. Del mismo modo que una goma elástica vuelve espontáneamente a su estado relajado cuando se suelta uno de sus extremos, nuestra atención se hunde de forma natural en la conciencia de la que surge cuando suelta su objeto. La atención se libera de la tensión.

De esta manera, la mente, despojada de su dinamismo, se revela como conciencia pura. Esa es la experiencia de la paz. De modo que no te preocupes por qué tipo de meditación practicar. Tarde o temprano todos los ríos pierden su fuerza y retornan al océano.

¿Por qué nos perdemos tan a menudo y con tanta facilidad en la experiencia?

Somos nosotros, la conciencia, quienes siendo total e íntimamente uno con la experiencia, nos perdemos en ella. Como dijo el visionario poeta y artista William Blake: «La Eternidad está enamorada de las obras del tiempo».[1]

Sin embargo, el precio que paga la conciencia por este amor es su propia felicidad innata, del mismo modo que una madre a veces renuncia a su propia felicidad por el bien de su hijo. En algún momento, el sufrimiento resultante obliga a la conciencia a liberarse del contenido de la experiencia y retornar a sí misma. Y lo hace por el mismo camino que se fue: regresa al hogar por el camino de la atención.

Antes, nosotros, la conciencia, dirigíamos la atención hacia el contenido de la experiencia y parecíamos perdernos en ella. En cambio, ahora volvemos sobre nuestros pasos en dirección opuesta, hacia atrás, hacia dentro, hacia nosotros mismos, retiramos la atención de su contenido, liberándonos así del drama de la experiencia y regresando a nuestro ser, donde nuestra felicidad innata resplandece silenciosamente.

1.   William Blake, *El matrimonio del cielo y el infierno* (*c*. 1790).

*   *   *

¿Se puede meditar en exceso?

Depende de lo que entiendas por *meditación*. Si te refieres a centrar la atención en un objeto, entonces sí, es posible meditar demasiado. En cambio, si consideras que el término hace referencia a descansar en y como la presencia de la conciencia, entonces es imposible meditar en exceso. Ser conscientemente la presencia de la conciencia no es algo que *hagamos* durante una cierta cantidad de tiempo, ¡sino lo que siempre somos!

Mi objetivo es ser consciente de mí mismo de forma permanente, pero ¿por qué parece que fallo en mi empeño con tanta frecuencia?

¿Acaso puedes plantearte como objetivo ser tú mismo? ¡Ya eres tú mismo! Es como decir: «Mi objetivo es respirar», con la salvedad de que ser tú mismo es aún más esencial para ti que respirar. Ya eres el yo que tiene la intención de ser él mismo.

Pero hay momentos en los que eso que se supone que debe surgir durante la meditación efectivamente surge, y en otros no.

¡Durante la meditación no se supone que tenga que surgir o suceder nada! Lo que se supone que ha de ocurrir durante la meditación es lo único que ocurre todo el tiempo; es decir, la presencia de tu ser, el hecho de ser consciente.

¡Entonces lo que yo hago no es meditar!

Si la meditación es algo que haces de vez en cuando, no puede ser esencial para ti, pues en ese caso es algo que primero se añade a ti y luego se te sustrae. La meditación no es una actividad que emprendas para lograr una experiencia particular. El «yo» que eres es anterior a la actividad de la meditación y, por tanto, no puede depender de si estás meditando o no. La meditación es ser conscientemente aquello que ya y siempre eres, aunque quizá te haya pasado desapercibido debido a tu fascinación con el drama de la experiencia. Reemplaza la palabra *meditación* por «ser conscientemente uno mismo». Ramana Maharshi indicó que la forma más elevada de meditación era simplemente *ser*.

La meditación es lo que *somos*, no lo que *hacemos*. En cambio, el yo separado es una actividad del pensar y el sentir; es algo que hacemos, no lo que somos.

Creo que aún me quedan residuos de los muchos años —décadas— que me he pasado tratando de meditar exactamente de la manera incorrecta.

¡Sí, nos pasa a la mayoría! Pero todos esos años de práctica de la meditación no han sido en vano, pues te han conducido a esta comprensión. Sin embargo, ahora que tu práctica anterior ya ha hecho su trabajo, no sigas repitiéndola. No seas como aquel que llegó finalmente a una hermosa playa del Caribe después de un largo y arduo viaje y, a pesar de ello, seguía preguntándose: «¿Adónde puedo ir ahora?».

No es tan fácil liberarse de ellos. Siento que es un proceso gradual.

La idea de que tienes que liberarte de algo es en sí misma parte del viejo residuo de creer que la meditación es una batalla entre una parte de tu mente y otra. Estos viejos hábitos son los restos de los nubarrones que permanecen en el cielo por un tiempo una vez que la tormenta ha pasado. Si luchas contra ellos, no haces más que perpetuarlos. El cielo nunca lucha con las nubes. ¿Por qué iba a hacerlo? Las nubes no le afectan.

A tu yo o tu ser no le afecta el contenido de tu mente. Entonces, ¿por qué intentar cambiarlo en modo alguno? Simplemente deja que los residuos de esta vieja actividad condicionada se desvanezcan lentamente en tu presencia abierta y receptiva pero desinteresada. Tarde o temprano, este esfuerzo residual se extinguirá por falta de atención, y la paz que todo este tiempo estuvo latente en el trasfondo de la experiencia empezará a emerger.

Hay momentos en los que me resulta fácil practicar eso, pero en otras ocasiones mis sentimientos son tan abrumadores, o mi vida es tan ajetreada y tan estresante, que me parece imposible.

No se trata de practicar, sino de reconocer lo que ya y siempre es, pero hemos pasado por alto temporalmente. No te puedes convertir en lo que ya eres, ni tampoco puedes ser lo que no eres.

Simplemente sé consciente de tu ser. La conciencia de ser resplandece en ti como el sentido «yo soy», antes de que la experiencia tiña o aporte cualidades a lo que eres. Tan solo sé lo que eres todo el tiempo de forma consciente, independientemente de cuáles sean tus circunstancias. Es decir, no solo cuando estés sentado en silencio con los ojos cerrados en ciertos momentos del día, sino también cuando estés comiendo, dando un paseo, hablando con un amigo, contestando un correo electrónico, etc.

No establezcas ninguna distinción entre la vida cotidiana y la meditación. Incluso cuando te vayas a dormir por la noche, siente que permaneces descansando en y como tu ser. De hecho, cuando estás inmerso en el sueño profundo en realidad no eres tú quien se duerme, sino el mundo el que se duerme en ti.

La meditación es simplemente lo que *somos*, y lo que somos nunca nos abandona. Es la única cosa (que, por supuesto, no es en sí misma una «cosa») que no se nos puede quitar. Llevamos nuestro ser a donde quiera que vayamos.

Si estoy deprimido, «*Yo* estoy deprimido». Si me siento solo, «*Yo* estoy solo». Si me siento agitado, «*Yo* estoy agitado» Si estoy en éxtasis, «*Yo* estoy en éxtasis». Independientemente de lo que sienta o experimente, *yo soy*.* Permite que la conciencia de ser resplandezca a través de tu experiencia, sea cual sea su contenido, y así te encontrarás en paz todo el tiempo.

---

*   A diferencia del castellano, en inglés todas las construcciones anteriores se forman con *I am*, «yo soy» (*I am* depressed, *I am* lonely, *I am* agitated, *I am* in ecstasy), por lo que el autor resalta que «yo soy» es el factor que permanece constante en todas ellas. *(N. del T.)*

6. La oración suprema

«Acepta, Señor, este mi vacío,
para llenarme así de ti».

Frances Nuttall

El ser íntimo, impersonal e infinito

Cuando nosotros, la conciencia, nos perdemos o nos mezclamos con el contenido de la experiencia, parece que adquirimos sus cualidades. La clara luminosidad de nuestro ser se ve atenuada o ensombrecida por la experiencia.

Sin embargo, del mismo modo que la pantalla nunca queda realmente cubierta por una película, sino que solo parece velarse debido a la absorción de nuestra atención en la trama, tampoco nuestro ser queda nunca realmente eclipsado por la experiencia, sino que solo parece estar oculto debido al enfoque exclusivo de nuestra atención en el contenido de la experiencia.

Y así como quien se pierde en una película puede cambiar temporalmente de humor, entristecerse si la escena es triste o asustarse si es aterradora, también nosotros nos perdemos en el drama de la experiencia, nos entremezclamos con su contenido, y eso hace que nos parezca que nos condiciona o que nos transfiere sus cualidades.

En lugar de experimentar los pensamientos fluyendo a través de nosotros como pájaros en el cielo, sentimos «Yo *soy* mis pensamientos». La experiencia de los pensamientos agitados se convierte en el sentimiento «Yo *soy* la agitación». Permitimos que los pensamientos tiñan o coloreen nuestro ser incoloro.

En lugar de experimentar emociones aflictivas como nubes que discurren lentamente por el cielo, sentimos «Yo *soy* mis emociones». El sentimiento de tristeza se convierte en «Yo *soy* la tristeza». La sensación de cansancio se convierte en «Yo *soy* el cansancio». En lugar de experimentar las sensaciones del cuerpo como nubes que pasan lentamente a través de nosotros, sentimos «Yo *soy* el cuerpo». Aquello de *lo que somos conscientes* se convierte, o parece convertirse, en lo que *somos*.

De esta manera, nuestro ser se mezcla con el contenido de la experiencia y parece quedar condicionado por ella, adquirir sus cualidades. La conciencia de la experiencia tiñe, colorea u oscurece la conciencia de ser.

La experiencia familiar de nuestro ser, a la que nos referimos cuando decimos «Yo soy», pasa a ser la creencia y el sentimiento «Yo soy esto» o «Yo soy aquello». Nuestro ser consciente e ilimitado se convierte, o parece convertirse, en un ego o yo temporal y finito, por lo que nuestra paz y alegría innatas quedan veladas. Este enmascaramiento de nuestro ser es el responsable de nuestro sufrimiento. La felicidad que *somos* se convierte en la felicidad que *buscamos*.

El nombre divino

Cuando sentimos «Estoy cansado», «Estoy solo», «Estoy deprimido», «Estoy estresado», etc., la mayoría ponemos el acento en la sensación de cansancio, de soledad, de ansiedad o estrés y descuidamos nuestro ser. Lo que somos se confunde con el cansancio, la soledad, la ansiedad o el estrés, por lo que parece quedar velado o eclipsado por él.

En otro momento, tal vez pensemos «Estoy leyendo», «Estoy caminando» o «Estoy comiendo», confundiendo así una actividad que *hacemos* de vez en cuando con lo que siempre y en esencia *somos*.* O decimos: «Soy madre o padre, mujer soltera, hombre casado, médico, artista o jardinero», permitiendo así que una relación condicione o transfiera sus cualidades a nuestro ser.

Lo único que hemos de hacer es relajar, distender o suavizar el foco de la atención que ponemos en el sentimiento, la actividad o la relación y volvernos conscientes de nuestro yo o nuestro ser, el aspecto «Yo soy» de la experiencia.

De hecho, no tomamos conciencia de nuestro ser, sino que nuestro ser siempre es consciente de sí mismo, pero al haberse perdido en los sentimiento, las actividades o las relaciones, *parece* desligarse de sí mismo, por lo que nos da la sensación de que regresa a sí mismo o toma conciencia de sí mismo.

Para iniciar este proceso, solo hace falta tomar el pensamiento «Yo soy» y permanecer con él, dejando que nos invite a penetrar en las profundidades de nuestro propio ser. Como tal, el pensamiento «Yo soy» es como el hilo dorado de Ariadna en la mitología griega. Si lo seguimos, nos sacará del laberinto de la experiencia y nos devolverá a nuestro ser, donde reside la paz y la alegría que anhelamos.

La *formulación* «Yo soy» es una conceptualización de la *ex-*

---

* De nuevo, en inglés estas estructuras se construyen con *I am*, «yo soy» (*I am* reading, *I am* walking, *I am* eating). *(N. del T.)*

periencia «Yo soy», la conciencia de ser. Es como una imagen *de* la pantalla que aparece *en* la pantalla. Mientras que no adopta las cualidades de la experiencia, «Yo soy» se refiere directamente al ser íntimo, impersonal, infinito y consciente de sí mismo.

Por eso se dice que «Yo soy» es el nombre divino. Es como un faro *de* la mente que ilumina la realidad que subyace tras ella y, al mismo tiempo, constituye su misma esencia. Permanecer en el «Yo soy» es la forma más elevada de oración.

El alma, el mundo y Dios

Siempre he pensado que Dios se encuentra a una distancia infinita de mí. Sin embargo, entiendo que sugieres que lo que tradicionalmente se conoce como Dios es nuestro propio ser. ¿Es así?

Muchos sentimos de manera intuitiva que existe una realidad tras el universo visible que la mente finita, debido a sus limitaciones intrínsecas, no puede conocer. Sin embargo, al creer que somos una persona individual, proyectamos esta realidad superior a una distancia infinita de nosotros, satisfaciendo así nuestra intuición de que es impersonal e ilimitada, pero descuidando su intimidad (después de todo, nosotros, como personas, emanamos del universo, de modo que cualquiera que sea la realidad última del universo ha de ser también la nuestra). Enfatizamos su trascendencia a expensas de su inmanencia.

Así, la idea convencional de un Dios creador que está más allá del mundo y a una distancia infinita de nosotros mismos, es el corolario inevitable de creer que somos entidades temporales, finitas e independientes. En lugar de sumergirnos de forma profunda en nuestro propio ser, desechando todo lo que no es esencial en él, hasta revelar su esencia impersonal, ilimitada pero absolutamente íntima, proyectamos a Dios más allá del universo y después entramos en una relación de oración y devoción a ese Dios. La unidad del ser se divide en el yo o alma individual, el mundo y Dios.

Para entender mejor esto, imagina a un actor llamado John Smith que interpreta el papel del rey Lear en la obra de Shakespeare. Es como si el rey Lear, creyéndose rey de Inglaterra, padre de tres hijas y en guerra con Francia, intuyese la presencia de John Smith, pero, al no encontrarle en su propia experiencia, le proyectase a una distancia infinita de sí mismo y luego empezase a buscarle, entrando en una relación de devoción y súplica con él sin darse cuenta de que en realidad es su propio ser.

Al menos en cierta medida, la práctica exotérica de la oración reduce el ego o el sentido de separación, y por eso durante muchos siglos fue considerada como un factor regulador de la sociedad. Sin embargo, en la mayoría de los casos, el sentido de ser un individuo separado permanece intacto, o incluso se ve reforzado por su asociación con la imagen concreta que tenga de Dios.

Al ser una proyección de la mente, esta idea de Dios ha de compartir necesariamente sus limitaciones. Como tal, no es tanto que Dios «hiciera al hombre a su imagen y semejanza» (aunque eso es cierto en otro sentido), sino que el hombre concibió a Dios a imagen y semejanza de sí mismo. Un Dios así siempre es producto del punto de vista limitado de la mente que lo proyecta, por lo que corre el peligro de convertirse en una idea al servicio del ego.

La apropiación egoica de Dios o de lo divino allana el camino para que los individuos y las naciones actúen según sus creencias y prejuicios al tiempo que afirman contar con su aprobación y actuar inspirados por él. De este modo, la religión puede dejar de ser un principio unificador de la sociedad para convertirse en una fuente de división, conflicto y hostilidades.

Dicho lo cual, de la misma manera que meditar en un objeto como un mantra o la respiración puede constituir un preludio al hundimiento de la mente en su fuente, también la devoción a un dios externo puede constituir una preparación adecuada para la disolución de nuestro anhelo en su fuente de amor puro.

E incluso después de que la distinción tradicional entre el yo y Dios se haya disuelto, el amor que es la consecuencia inevitable de esta disolución bien puede seguir manifestándose en términos dualistas. De hecho, parte de la mejor poesía que se haya escrito jamás está expresada en un lenguaje dualista tradicional, aunque gran parte de ella lleva la firma inconfundible de alguien cuyo sentido de sí mismo se ha disuelto por completo en el ser de Dios.

Permanecer en el «Yo soy»

Del mismo modo que la forma más elevada de meditación no es dirigir la atención hacia un objeto, por refinado que sea, sino la inmersión de la atención en su fuente de conciencia pura, la oración más elevada o el gesto de devoción supremo tampoco es un movimiento de nuestro anhelo hacia el amado, sino la disolución de nuestro anhelo en su fuente de amor puro. En palabras de un monje italiano del siglo XVI: «Señor, Tú eres el amor con el que te amo». Es el bautismo del devenir en el océano del ser.

Cuando la atención se despoja de su objeto, se revela como

conciencia pura; cuando la devoción se libera del amado, se revela como amor.

Así como quien practica la meditación debe, en algún momento, relajar la feroz disciplina de la atención y llegar a descansar en y como la presencia de la conciencia, lo mismo es cierto para quien sigue el camino de la devoción. El aparentemente separado sujeto de la experiencia que antes anhelaba fusionarse con el objeto de su devoción comprende ahora que debe abandonarlo y sumergirse en la fuente de amor puro de la que surge su devoción.

Por eso Rumi dice: «En la existencia de tu amor, me vuelvo inexistente».[1] En ambos caminos, nuestros esfuerzos nos han conducido a un umbral más allá del cual no pueden pasar.

En algún momento se produce una transformación o una conversión en nuestra comprensión: lo que desde la perspectiva de un yo separado parece ser el esfuerzo que hacemos en pos del objeto de nuestro anhelo, es en realidad el sujeto de nuestro anhelo atrayéndonos hacia sí mismo.

Nuestro anhelo no es más que el ocultamiento del amor. Lo que cada uno de nosotros, en tanto que yo aparentemente separado, experimenta como esfuerzo, es en realidad la atracción gravitacional de la gracia. Todo deseo es la atracción del amor.

Por eso, la oración más elevada es tomar el nombre «Yo soy», perderse en su referente y morar como eso. En esta permanencia, nuestro ser se desprende de las cualidades y limitaciones que adquiere de la experiencia y se revela como el ser íntimo, infinito e impersonal.

---

1.   Jelaluddin Rumi. «I am yours», *The Love Poems of Rumi* (Harmony, 1998).

Al igual que nos quitamos la ropa antes de acostarnos por la noche, dejando al descubierto nuestro cuerpo desnudo, así también, en la práctica de la oración, desechamos todo lo que nos es superfluo, dejando al descubierto nuestro ser desnudo. La persona se ha disuelto, y lo único que queda es el ser impersonal, infinito, absolutamente íntimo. Así, el arte de la oración es permanecer como «Yo soy». Es la práctica de la presencia de Dios.

*   *   *

Cuando escuché por primera vez que mi verdadera naturaleza es ser consciente o la conciencia misma, me resultó sencillo y natural morar en ella, pero ahora los viejos hábitos del pensar y el sentir han regresado y me veo a mí mismo yendo y viniendo entre ambas cosas. ¿Cómo puedo permanecer en la conciencia?

Cuando preguntas «¿Cómo puedo permanecer en la conciencia?», te estás tomando a ti mismo como algo distinto a la conciencia, como un cuerpo o una mente. Estás considerando la conciencia como algo a lo que debes aproximarte, algo en lo que descansas por un cierto tiempo y después abandonas. Este «algo distinto a la conciencia» es el conjunto de pensamientos, imágenes mentales, sentimientos, sensaciones y percepciones que constituyen el ego o yo separado que la mayoría de la gente cree y siente que es y en torno al cual giran todas sus actividades y relaciones.

Una de las actividades de este yo aparentemente separado consiste en emprender una práctica espiritual como la meditación para dejar de ser un yo separado (y librarse del sufrimiento que inevitablemente lleva aparejado) y convertirse en conciencia abierta, vacía e inherentemente pacífica. Sin embargo, esa clase de actividad tan solo perpetúa al yo separado en su origen, y por eso resulta tan frustrante.

Entonces, ¿no hay nada que pueda hacer?

No hay nada que tú, la conciencia, necesites hacer para ser tú mismo. Ya eres ya y siempre únicamente tú mismo. Sin embargo, si creemos que somos un yo separado, si nos sentimos como tal, entonces ya estamos haciendo algo. ¿Qué? Buscar la paz y la felicidad en la experiencia objetiva.

Pero, en ese caso, ¿qué puedo hacer?

Investigar el «yo» en cuyo nombre surge la búsqueda de paz y felicidad. Es decir, dirigir tu atención hacia ti mismo e investigar quién eres realmente. Y, de ese modo, llevarte a ti mismo de regreso a la comprensión experiencial de que ya y siempre eres la conciencia que buscas. Ahí reside toda la paz y la felicidad que anhelas.

Es más fácil decirlo que hacerlo.

¡No, es más fácil hacerlo que decirlo! Tan solo te llevará un momento preguntarte a ti mismo quién eres realmente y dejar que esa pregunta revele la conciencia eternamente presente que es tu naturaleza esencial e irreductible, la conciencia que subyace en y tras toda experiencia. No hay nada complejo en esto. Conocemos nuestro ser más íntimamente que cualquier otra cosa. Hasta nuestros pensamientos y sentimientos más preciados no son más que extraños desconocidos en comparación con la familiaridad y la intimidad de nuestro propio ser.

Conócete a ti mismo como el hecho de ser consciente o la conciencia misma, en lugar de considerarte un flujo continuo de pensamientos, imágenes mentales, sentimientos, sensaciones y percepciones. Es verdad que cuando alguna de estas cosas está presente, *es* tú, en el sentido de que están hechas de la conciencia que eres, pero eso no es *todo* lo que eres. Son olas que aparecen en la superficie de tu ser. Ninguna de ellas te define o es esencial en lo que eres.

La mente siempre está en movimiento. Si no hay movimiento, no hay mente. Pero ¿ocurre lo mismo con la conciencia? La conciencia siempre es simplemente conciencia, que o bien se tiñe o se colorea adoptando la forma de la mente o bien permanece en su condición prístina e incolora. Pero independientemente de si la conciencia se tiñe a sí misma como experiencia o permanece incolora, ¿se abandona en algún momento a sí misma para retornar después a sí misma? Se pregunta alguna vez la conciencia: «¿Qué práctica necesito emprender para conocerme a mí misma?».

¿Qué tiene que hacer la conciencia para ser ella misma? ¿Tiene que emprender alguna actividad para mantenerse o siempre es simplemente ella misma sin esfuerzo? ¿Qué clase de experiencia podría impedir que la conciencia fuese ella misma? ¿Qué clase de experiencia podría impedir que la conciencia fuese consciente? ¿No está siendo consciente la conciencia ahora mismo, sin ningún esfuerzo?

¿Qué clase de película podría impedir que la pantalla fuese la pantalla? Análogamente, ¿qué clase de experiencia o de actividad podría hacer que la conciencia fuese más consciente de lo que ya es? ¿Algo de lo que sucede en una película le añade o le resta algo a la pantalla? Del mismo modo, ¿algo de lo que tiene lugar en la experiencia le añade o le resta algo a tu ser, a la conciencia? ¿Puedes sentir la libertad que es tu naturaleza original y que no necesita nada de la experiencia?

Supongo que tiene que ver con identificarse menos.

Pero ¿quién tiene que estar menos identificado? Ese yo separado que pudiera estar o no estar identificado no existe. Solo existe conciencia completamente sola o conciencia tiñéndose a sí misma con su propia actividad; es decir, la conciencia simplemente descansando en y como sí misma o apareciendo en forma de experiencia.

Ve claramente que conocer, ser consciente o la conciencia misma es tu *naturaleza*. Es lo que *eres*, no lo que podrías *llegar a ser*. Deja que esta sea tu nueva comprensión sentida predeterminada. No es algo que puedas conseguir mediante el esfuerzo. No existe ningún «tú» separado e independiente que pudiera convertirse o esforzarse por alcanzar la conciencia. Solo hay conciencia y su propia actividad.

E incluso cuando la conciencia se colorea a sí misma y adopta la forma de pensamientos, imágenes mentales, sentimientos, sensaciones y percepciones (y, en consecuencia, parece ser una persona), sigue sin ser idéntica a ninguna de estas cosas, del mismo modo que una pantalla nunca es idéntica a cualquiera de los objetos o los personajes que aparecen en la película. La conciencia es siempre idéntica única y exclusivamente a sí misma, porque no hay nada en ella que sea distinto a ella, nada con lo que pudiese identificarse o no identificarse.

Entonces, ¿lo único que ocurre es el reconocimiento de esto?

Sí, solo se produce el reconocimiento de esto. Pero ¿quién es ese que podría reconocer la conciencia? Solo la conciencia es consciente, por lo que solo la conciencia es consciente de sí misma o, de hecho, de cualquier otra cosa aparente.

Pero sigo sintiendo que la experiencia me aleja o me distrae de mi verdadera naturaleza.

Durante un tiempo, el drama de la experiencia puede conservar la capacidad de velar tu verdadera naturaleza, por lo que puede haber una sensación de ida y vuelta. Sin embargo, así como con el tiempo la película va perdiendo su poder de ocultación, con lo que la distinción entre la pantalla y la película se desvanece, también la experiencia pierde su capacidad para ocultar la conciencia, de modo que la distinción entre conciencia y experiencia se atenúa y el conflicto entre ellos cesa.

En esa etapa ya no se produce un ir y venir, pues todo es conciencia dondequiera que vayas y sea lo que sea lo que experimentes. Llegado ese punto, la meditación es vida y la vida es meditación. Puede que aún optemos por sentarnos en silencio con los ojos cerrados durante un tiempo para descansar en el ser, pero en esencia no estaremos haciendo nada distinto de lo que ocurre en las actividades de la vida cotidiana.

*   *   *

Tengo dudas sobre el equilibrio entre hacer y no hacer, porque siento que necesito hacer un esfuerzo, pero al mismo tiempo también siento que en realidad no hacer me permite dar un paso atrás y acercarme más a quien realmente soy.

Si al principio te parece que hace falta un esfuerzo para ser consciente de tu propio ser, entonces haz ese esfuerzo. Primero investiga tu naturaleza esencial y luego permanece conscientemente como tal. No superpongas en ti mismo la idea de no hacer.

Con el tiempo tendrás claro que no puedes esforzarte por ser lo que ya y siempre eres. De hecho, solo sería necesario hacer un esfuerzo para ser algo que *no* eres, como un yo separado. ¡Por eso resulta tan agotador ser un yo separado! Si ahora te pidiese que te pusieras de pie y dieses un paso hacia ti mismo, ¿cuánto esfuerzo tendrías que hacer?

¡Ninguno!

¡Eso es! Cualquier esfuerzo solo parecería alejarte de ti mismo, aunque ni siquiera eso es cierto, porque dondequiera que estemos, *¡somos!* Lo mismo puede decirse de la meditación, que no significa más que ser nuestro yo de forma consciente, en lugar de confundir nuestro ser con un conjunto de pensamientos, imágenes mentales, sentimientos, sensaciones y percepciones.

Sin embargo, si sentimos que somos algo *distinto de* esta presencia de conciencia abierta, vacía, inherentemente pacífica e incondicionalmente plena, entonces debemos hacer el esfuerzo de investigar nuestro ser, reconocerlo y después ser eso de forma consciente.

A continuación, lo único que queda por hacer es establecer nuestro yo como eso en toda circunstancia y realinear todos los aspectos de nuestra vida con esta comprensión sentida.

7. La silenciosa presencia de la conciencia

«Silencio mío, la vida vuelve a ti
en todas las pausas de su respiración.
Aquiétate y atempera la melodía
que en ti despertó;
Y tú, siempre despierto, ¡despierta por mí!»

ALICE MEYNELL

La conciencia es inmanente y trascendente

La comprensión de que somos la conciencia que presencia, conoce o es consciente de la experiencia es el primer gran reconocimiento. Es el primer paso en el camino que nos lleva a redescubrir nuestra felicidad innata.

Para llegar a esta comprensión, nos hemos diferenciado del contenido de la experiencia, hemos distinguido entre el conocedor y lo conocido, entre el experimentador y lo experimentado. No hemos manipulado ni rechazado ningún aspecto de la experiencia, sino que nos hemos limitado a comprobar que ninguna experiencia es esencial en lo que somos.

Sin embargo, la conciencia no atestigua la experiencia desde la distancia, como si de un observador separado se tratase. Del mismo modo que una imagen no existe a distancia de la pantalla en la que aparece, tampoco ninguna experiencia está separada de la conciencia con la que se conoce.

Imagina una pantalla de televisión mágica que no es vista por una persona sentada en un sofá, sino que ella misma tiene la capacidad de ver la película que se está proyectando en ella. Es una pantalla *consciente*. Nosotros, la conciencia, somos así. Somos absoluta e íntimamente uno con toda experiencia y, al mismo tiempo, somos libres y completamente independientes de ella. La conciencia es al mismo tiempo inmanente y trascendente.

Este reconocimiento suele ir acompañado de una gran paz y alegría. Llevamos tantísimo tiempo oprimidos por nuestros condicionamientos y nuestra historia, aplastados por nuestras circunstancias y relaciones… Sin embargo, ¡ahora probamos por primera vez el sabor de nuestra libertad inherente! Es una liberación de la carga que, sin saberlo, hemos llevado sobre los hombros toda la vida, una carga que, por lo general, se va volviendo más pesada con la edad.

Ahora la carga se aligera, y llega un momento en que la descartamos por completo, en un simple reconocimiento tan completo y poderoso que ninguna experiencia vuelve a tener la capacidad de ocultar la naturaleza de nuestro ser. No obstante, lo más común es que a medida que esta comprensión se va filtrando más profundamente en nosotros, la carga acumulada de la experiencia se vaya aliviando de forma gradual y, en su lugar, emerge una sensación de paz y de ligereza desde nuestro propio interior.

Más adelante colapsaremos aún más la aparente separación entre conciencia y experiencia. Sin embargo, para quien se ha perdido en el drama de la experiencia y, consecuentemente, confunde su ser con un puñado de pensamientos, sentimientos, sensaciones, actividades y relaciones, primero es necesario establecer esta distinción.

La conciencia es eterna e inmutable

Una vez que nos hemos diferenciado del contenido de la experiencia y nos hemos reconocido como la presencia de la conciencia, el siguiente paso es explorar la *naturaleza* de la conciencia que esencialmente somos.

La esencia o la naturaleza esencial de cualquier cosa es el aspecto que es imposible sustraerle o quitarle. Cualquier aspecto del que una cosa pueda carecer no es esencial en ella. Ninguna película es esencial para una pantalla, porque la pantalla puede existir en ausencia de películas. Ninguna nube es esencial para el cielo, porque el cielo puede existir en ausencia de nubes.

Todos los pensamientos, las imágenes mentales, los sentimientos, las sensaciones, las percepciones, las actividades y las relaciones aparecen y desaparecen continuamente en nuestra experiencia. Son aspectos que primero se añaden a nosotros y después desaparecen. Por lo tanto, no pueden ser esenciales en nosotros.

Sin embargo, hay un elemento en la experiencia que tenemos de nosotros mismos que permanece presente dc forma constante a lo largo de todas las experiencias cambiantes: el propio hecho de conocer, ser consciente o la conciencia misma. Es aquello a lo que nos referimos cuando decimos simplemente «Yo» o «Yo soy», antes de que la experiencia haya teñido, coloreado o aportado cualidades a lo que somos. Es el factor que se mantiene constante a lo largo de todas las experiencias cambiantes.

De hecho, la presencia de la conciencia no es constante en el tiempo, sino que es el ahora eternamente presente. Solo decimos que es constante en relación con la impermanencia de las cosas. Sin embargo la mente, al ser limitada, no tiene conocimiento de lo eterno, por lo que lo interpreta de una manera que guarde consistencia con sus propias limitaciones. Así, concibe lo que es eternamente presente como algo que dura para siempre.

Sin embargo, si nos referimos directamente a la experiencia de ser consciente (es decir, si la conciencia se refiere directamente a la experiencia que tiene de sí misma), vemos que no hay ningún pensamiento, por lo que tampoco hay ningún conocimiento del tiempo. En su propia experiencia de sí misma, la conciencia está presente de forma constante, es eterna.

La experiencia deriva su singularidad a partir de la naturaleza eternamente presente de la conciencia. Una película normal consta de unos 150.000 fotogramas, pero cuando la estamos viendo no pensamos que estemos percibiendo una sucesión de infinidad de imágenes, sino que sentimos que estamos viendo *una* película. La película deriva su unidad de la singularidad de la pantalla.

Del mismo modo, siempre estamos teniendo *una sola* experiencia, a partir de la cual el pensamiento abstrae y conceptualiza lo que en el budismo se denomina las «diez mil cosas». ¿Qué unifica los elementos aparentemente dispares de nuestra experiencia? La conciencia, la presencia silenciosa que subyace en y tras toda experiencia.

La presencia de la conciencia no es algo en lo que nos *convertimos*, si bien es cierto que en casi todos los casos su reconocimiento requiere una cierta investigación. No es más que nuestra naturaleza esencial e irreductible o nuestro verdadero ser, el trasfondo eternamente presente de todas las experiencias cambiantes.

Del mismo modo que en el cine una persona disfruta por igual de los personajes buenos y de los malos al ver una película, también nosotros, la conciencia, presenciamos o somos conscientes del espectro completo de la experiencia independientemente de cuál sea su contenido. Y así como nada de lo que sucede en una película altera o modifica la naturaleza básica de la pantalla, tampoco nada de lo que sucede en la experiencia altera o modifica nuestra naturaleza esencial de conciencia pura.

La pantalla sobre la que aparece una escena de terror es la misma pantalla sobre la que se desarrolla un romance. La conciencia que es testigo de nuestros momentos más exultantes y dichosos es la misma conciencia que presencia nuestro dolor más profundo.

La conciencia nunca cambia, mientras que la experiencia siempre lo hace. Por eso todos sentimos que ahora somos la *misma* persona que éramos hace cinco minutos, cinco días, cinco años o cuando, de niños, teníamos cinco años.

Pero ¿qué aspecto de nosotros permanece verdaderamente siempre igual? Los pensamientos, las imágenes mentales, los sentimientos, las sensaciones, las percepciones, las actividades y las relaciones que constituyen nuestro «yo», la persona, han cambiado incontables veces a lo largo de nuestra vida. Y, sin embargo, sentimos todas estas experiencias como «nuestras», como «mías», lo que deja traslucir nuestro reconocimiento de que existe en nosotros un principio estable *al que* le suceden o *al que* pertenecen estas cosas.

Ese principio estable es nuestro yo, nuestro ser, la presencia inmutable de la conciencia que esencialmente somos.

Es fácil comprobar esto en nuestra experiencia. Si cada uno de nosotros comparásemos el contenido de la experiencia que estamos teniendo en este momento con el contenido de, pongamos por caso, la experiencia que teníamos con cinco años, veríamos que ambas experiencias son completamente distintas.

En cambio, si tuviéramos que referirnos a la conciencia con la que conocemos nuestra experiencia actual, y hubiésemos hecho lo mismo cuando teníamos cinco años, la conciencia sería idéntica en ambos casos, al igual que todas las películas se reproducen o tienen lugar en la misma pantalla inmutable, sea cual sea su contenido. A la conciencia, a nuestro yo esencial, nunca le ocurre nada. No cambia, no envejece, no evoluciona.

Todos hemos tenido un sinfín de experiencias en la vida, algunas de las cuales han sido dolorosas y traumáticas. Si bien dichas experiencias pueden haber dejado residuos en las capas más profundas de nuestra mente (que encuentran su correlato en sutiles tensiones y contracciones en el cuerpo), nuestro ser esencial, el hecho de simplemente ser consciente o la conciencia misma, permanece intacto y no se ve afectado por ellas.

Esto también explica que mucha gente no sienta que está envejeciendo. En este caso, nuestra naturaleza esencial e inmutable refulge a través de la capa de nubes de la experiencia. No nos imaginamos hasta qué punto es precisa y acertada esta intuición.

Podríamos argumentar que cada vez que nos miramos en el espejo tenemos delante la evidencia de nuestro envejecimiento. Sin embargo, cuando nos miramos en el espejo lo que vemos no es una imagen de nuestro *yo*, sino una imagen de nuestro *cuerpo*. La conciencia que percibe la imagen del espejo se encuentra exactamente en la misma condición inmaculada, incólume y eterna (sin edad) que la conciencia que vio la imagen de nuestro rostro en un espejo cuando teníamos cinco años.

El maestro zen que nos exhorta con estas palabras: «Muéstrame tu rostro original, el rostro que tenías antes de nacer», tan solo está tratando de evocar en nosotros un reconocimiento directo e inmediato de la naturaleza eterna, prístina y eternamente presente de nuestro ser.

La conciencia es autoconsciente

Toda experiencia aparece en (o es conocida por) la conciencia, pero la conciencia misma nunca aparece como un objeto de la experiencia, del mismo modo que la pantalla en la que se proyecta una película nunca aparece como un objeto de la misma.

Sin embargo, que la conciencia nunca pueda conocerse objetivamente no implica que sea desconocida o incognoscible. Si la conciencia fuera incognoscible, no sabríamos que somos conscientes.

Si alguien nos preguntase: «¿Eres consciente?», todos haríamos una pausa y después contestaríamos: «Sí». ¿Qué ocurre en la pausa que media entre la pregunta «¿Eres consciente?» y nuestra respuesta «Sí»? Que nos damos cuenta o tomamos conciencia de que somos conscientes. Es decir, nosotros, la conciencia, nos volvemos conscientes de que somos conscientes.

Si nosotros, la conciencia, no conociésemos la experiencia de ser consciente, habríamos respondido «No» o «No sé», pero estamos seguros más allá de toda duda de que somos conscientes, y esa certeza proviene de nuestra *experiencia* de ser conscientes.

Ahora bien, ¿quién o qué tiene la experiencia de ser consciente? Solo la conciencia es consciente, de modo que solo la conciencia puede ser consciente de cualquier cosa, incluyendo de sí misma. Por tanto, nuestra certeza de que somos conscientes es *el conocimiento que la conciencia tiene de sí misma*. En otras palabras, la conciencia es autoconsciente, del mismo modo que el sol es autoluminoso.

El conocimiento que la conciencia tiene de sí misma es un conocimiento absolutamente particular. Es el único conocimiento que no tiene lugar en una relación sujeto-objeto. En todos los demás conocimientos y experiencias, el objeto conocido (el pensamiento, el sentimiento, la sensación o la percepción) es distinto de la conciencia que lo conoce, pero en el conocimiento que la conciencia tiene de sí misma el elemento conocedor y el elemento conocido son idénticos.

Una vez escuché una conferencia sobre la naturaleza de la conciencia que dio en la Universidad de Oxford un profesor de filosofía muy prestigioso. En un determinado momento, dijo: «Algunos filósofos creen que la conciencia se puede conocer a sí misma. Sus ideas deberían estar en la basura».

Al final de la charla, le pregunté si estaría de acuerdo en que todo los presentes en la sala estaban teniendo la experiencia de ser conscientes. Respondió afirmativamente. Entonces le sugerí que lo que sea que estuviese teniendo la experiencia de ser consciente en cada uno de nosotros debía ser consciente en y por sí mismo. También se mostró conforme con esta proposición.

Sin embargo, cuando procedí a señalar que, por consiguiente, lo que sea que haya en nosotros que es consciente de ser consciente debe ser la conciencia que la conciencia tiene de sí misma, se limitó a descartar la idea y pasó a otra cosa. A pesar de su gran erudición, había pasado por alto el aspecto más evidente, íntimo y familiar de la experiencia.

Así como el Sol no puede dirigir los rayos de su luz hacia sí mismo del mismo modo que los dirige hacia la Tierra o la Luna, y sin embargo nunca cesa de iluminarse a sí mismo, tampoco la conciencia se puede conocer como un objeto de la experiencia, a pesar de lo cual jamás es desconocida. Es decir, nunca deja de conocerse a sí misma.

La conciencia es autoconsciente *por naturaleza* y, como tal, no puede *no* ser consciente de sí misma. Siempre es consciente de sí misma. Es consciente de sí misma por el mero hecho de ser lo que es.

Si nos parece que la conciencia no es consciente de sí misma, es tan solo porque está muy habituada a dirigir su atención, la luz de su conocer, hacia el contenido de la experiencia. Al hacerlo, se pierde en la experiencia, por lo que se olvida o se pasa por alto a sí misma. Dicho de otro modo, el conocimiento que la conciencia tiene de sí misma queda *velado*, *oscurecido* o *eclipsado* por su conocimiento de la experiencia objetiva.

En la pausa que media entre la pregunta «¿Eres consciente?» y nuestra respuesta «Sí», la conciencia no *se vuelve* consciente de sí misma. La pregunta simplemente invita a la conciencia a relajar el foco de su atención del contenido de la experiencia y a «regresar» a sí misma.

* * *

¿Todo el mundo tiene la posibilidad de iluminarse?

Esa pregunta se basa en un malentendido: la creencia de que la iluminación es una experiencia extraordinaria que puede o no estar al alcance de todo el mundo.

Es verdad, ¡pero se trata de un malentendido prácticamente universal!

¡Sí, eso también es cierto! Hay dos razones para ello. La primera es que la cultura occidental ha perdido de un modo tan absoluto el contacto con la comprensión simple de nuestra verdadera naturaleza que muchas personas, al menos hasta tiempos recientes, han recurrido a las tradiciones orientales en busca de respuestas a estas cuestiones. Aunque el reconocimiento de nuestra verdadera naturaleza (lo que comúnmente conocemos como *despertar* o *iluminación*) es el mismo para todo el mundo, en todo momento y en toda circunstancia, la expresión que adopte estará inevitablemente teñida por el condicionamiento cultural en el que surge.

Para los occidentales, la cultura oriental es, en comparación con la propia, desconocida y extraordinaria, y por eso las diversas expresiones del reconocimiento de nuestra verdadera naturaleza que surgieron en estas culturas adquirieron un aire exótico. La India y el Tíbet pueden parecer culturas extraordinarias desde el punto de vista occidental, pero el reconocimiento de nuestro ser esencial no tiene nada de extraordinario. De hecho, nuestro ser es la experiencia más íntima, evidente y familiar que existe, aunque, dado que carece de cualidades objetivas, casi siempre la pasamos por alto en favor de la experiencia objetiva.

La segunda razón, que afecta tanto a las tradiciones orientales como a las occidentales, es que este reconocimiento tan simple e inmediato a menudo se ha malinterpretado, por lo que acababa mezclándose con creencias y prácticas que lo enmascaraban, que hacían que la comprensión original pareciese algo místico y lo envolvían en una atmósfera de complejidad, lo que hacía que a muchas personas les pareciese algo lejano e inaccesible.

Pero yo llevo muchos años explorando estas cuestiones y el reconocimiento de mi verdadera naturaleza parece estar tan lejano como siempre.

Imagina que John Smith interpreta el personaje del rey Lear una noche y a Romeo la noche siguiente. Como rey Lear, es desdichado. En cambio, como Romeo, se siente profundamente enamorado. ¿Hay alguna parte de la experiencia del rey Lear o de Romeo que no esté impregnada o saturada de John Smith?

No.

¿Está el conocimiento «Yo soy John Smith» menos disponible en la experiencia del rey Lear que en la de Romeo?

No.

¿Estaría el conocimiento «Yo soy John Smith» más disponible para el rey Lear si su relación con Cordelia mejorase, o se enturbiaría el conocimiento «Yo soy John Smith» para Romeo si él y Julieta discutiesen y se separasen?

No.

¿A qué distancia está el conocimiento «Yo soy John Smith» del rey Lear o de Romeo? O, dicho con otras palabras, ¿qué distancia hay entre el rey Lear y John Smith o entre Romeo y John Smith?

Ninguna distancia en absoluto. Son la misma persona.

¡Exacto! Entre una persona y su verdadera naturaleza no hay ninguna distancia. Que uno sea un santo o un pecador, que esté sano o enfermo, que sea inteligente o no lo sea, que sea rico o pobre, no supone ninguna diferencia. El conocimiento «Yo soy» (es decir, la conciencia que la conciencia tiene de sí misma) resplandece con la misma intensidad en la experiencia de todos, independientemente de cuál sea su contenido. Por tanto, no cabe siquiera plantearse que la iluminación o el reconocimiento de que nuestra verdadera naturaleza esté «lejos». ¿A qué distancia estás de ti mismo?

¡A ninguna distancia!

Cuando dices: «El reconocimiento de mi verdadera naturaleza parece estar tan lejano como siempre», no te estás refiriendo al reconocimiento de tu verdadera naturaleza, sino a un evento extraordinario sobre el que tal vez hayas leído en los libros y que crees que –si tienes la suerte de vivir una experiencia así– pondrá fin a tu sufrimiento. En este sentido, estás imaginando que eres una persona o un yo separado y que tu verdadera naturaleza es una experiencia extraordinaria que tú, como esa persona o yo separado, algún día encontrarás. Pero ¿es John Smith una experiencia extraordinaria que el rey Lear tal vez pueda alcanzar algún día?

No.

El rey Lear no es más que una serie de pensamientos, imágenes mentales, sentimientos, sensaciones y percepciones que primero se agregan a John Smith y después se sustraen de él, pero John Smith permanece igual en todo momento. Del mismo modo, tus pensamientos, imágenes mentales, sentimientos, sensaciones y percepciones son cosas que se añaden a ti y luego son sustraídas, mientras que tú permaneces igual en todo momento. ¿Qué es ese «tú», eso a lo que llamas «yo»? ¿Acaso no estás ya completamente presente ahora?

¡Sí, por supuesto!

La así llamada iluminación no es más que el reconocimiento de la naturaleza de ese «tú», el «yo» familiar, íntimo, obvio y ordinario que eres ahora mismo. No es un «yo» que puedas encontrar o en el que puedas convertirte en el futuro, ni tampoco una experiencia extraordinaria que tú como persona puedas tener, sino el mismísimo «yo» que yace en el corazón de tu experiencia (independientemente de cuál sea tu contenido), y eso incluye también la experiencia que estás teniendo en este momento. Así pues, no es necesario que pospongas este reconocimiento para el futuro. La propia idea de embarcarte en la búsqueda de tu ser es absurda, pues ya eres eso que estás buscando.

No hace falta que le ocurra nada al yo que ya eres, al yo que esencialmente eres. No hay que tranquilizarlo, sosegarlo, purificarlo, transformarlo ni mejorarlo. Y, sobre todo, no es necesario iluminarlo, pues ya es la luz resplandeciente de la conciencia que brilla en medio de toda experiencia, ya sea una depresión profunda, un momento de éxtasis o degustar el sabor del té. Lo único que hace falta es reconocerlo por lo que es; es decir, que eso se vea o se reconozca a sí mismo tal como es, antes de que la experiencia lo coloree o le aporte sus cualidades. ¿Cuál es la naturaleza de ese «tú», de eso a lo que llamas «yo», que resplandece intensamente en toda tu experiencia?

[Un largo silencio].

¡Perfecto! Quédate en ese silencio y emergerá el recuerdo de tu eternidad. Tu yo se recordará a sí mismo: no como el recuerdo de una experiencia del pasado, sino de algo que está presente en ti ahora, pero que parece haber quedado velado u oscurecido bajo el bullicioso clamor de la experiencia. Tu ser se despierta de la amnesia de la experiencia y reconoce o recuerda el yo que ya es y que siempre ha sido.

Ese yo (si es que podemos llamarlo así) despojado de las limitaciones que parece adquirir de la experiencia carece de límites, es omnipresente, inmutable e imperturbable, por lo que su naturaleza es la paz. Está desprovisto de cualquier sentido de carencia, por lo que su naturaleza es la felicidad incondicional.

Parece algo neutral.

Al principio, en comparación con los objetos de la experiencia, puede que lo sintamos como neutral, pero con el tiempo iremos percibiendo con mayor claridad su paz innata. No es una paz que dependa de lo que ocurre o deje de ocurrir en la experiencia, ni tampoco se trata de una paz que esté más allá de la experiencia, sino que es la paz imperturbable anterior a toda experiencia que resplandece en toda experiencia.

Con el tiempo, esa paz emerge del trasfondo de la experiencia y empieza a impregnar el primer plano, saturando progresivamente la experiencia con un sentimiento de suficiencia, plenitud y satisfacción. Esa paz, esa alegría serena e incondicional, es el sello distintivo de este reconocimiento.

La conciencia nunca es desconocida

Si en este momento alguien nos pidiese que fuésemos conscientes de nuestra respiración, relajaríamos el foco de la atención (que ahora está centrado en estas palabras) y nos volveríamos conscientes de la respiración. Pero en realidad no nos *volvemos* conscientes de la respiración, sino que ya éramos conscientes de ella, si bien nuestra conciencia de la respiración estaba encubierta o eclipsada por nuestra conciencia de estas palabras, la habitación o cualquier otra cosa que estuviese captando nuestra atención antes de esta indicación.

La conciencia es aún más sutil que nuestra respiración. Es la presencia silenciosa que subyace tras toda experiencia y que, al igual que la respiración, experimentamos constantemente. Es decir, la conciencia siempre se está conociendo a sí misma, aunque a menudo se pasa por alto en favor de la experiencia objetiva. De modo que sería más exacto decir que el conocimiento que la conciencia tiene de sí misma está *parcialmente* encubierto o eclipsado por la experiencia objetiva (e incluso en ese caso, es solo *en apariencia*).

Usemos otra analogía para ilustrar esto. Imagina a una mujer que, a primera hora de la mañana, está a punto de salir de casa para dirigirse al trabajo. Cuando piensa en sí misma, se ve como una mujer. Poco después entra a trabajar en la comisaría. Se pone el uniforme y empieza su jornada laboral en la oficina con sus colegas. Ahora se considera a sí misma una mujer policía.

En ambos casos se conoce a sí misma como mujer. En el primero, su conocimiento de sí misma como mujer no está caracterizado o mediado por ninguna asociación con una actividad. En cambio, en el segundo caso, su conocimiento de sí misma como mujer está caracterizado por sus relaciones y sus actividades como oficial de policía, por lo que ahora se considera una mujer policía (es decir, ha dejado de conocerse a sí misma como una mujer sin ninguna otra característica añadida).

De forma análoga, la conciencia nunca deja de conocerse a sí misma, pues su propia naturaleza es ser autoconsciente. Lo que ocurre es simplemente que su conocimiento de sí misma se mezcla con el contenido de la experiencia, por lo que, en la mayoría de los casos, no se conoce a sí misma *con claridad*. La conciencia olvida o pasa por alto parcialmente su conocimiento de sí misma en favor de su conocimiento de la experiencia objetiva. Ese es el precio que paga por la experiencia.

Shantananda Saraswati solía contar la historia de diez hombres que cruzaron el Ganges a nado. Cuando llegaron a la otra orilla, cada uno de ellos contó cuántos miembros había en el grupo para asegurarse de que todos habían cruzado el río y estaban a salvo. Sin embargo, todos contaron solo nueve.

Otro hombre que pasaba por ahí, al verlos tan angustiados, les preguntó qué les pasaba, así que le explicaron que uno de sus amigos se había ahogado. Al darse cuenta del error que habían cometido, le pidió a uno de los hombres que contase nuevamente al grupo, pero esta vez asegurándose de incluirse a sí mismo al final. «Uno, dos, tres…», y así hasta diez. Y en ese momento todos se dieron cuenta de que se habían olvidado de contarse a sí mismos.

De la misma manera, tendemos a centrarnos en los pensamientos, las imágenes mentales, los recuerdos, los sentimientos, las actividades, las relaciones, etc., pero descuidamos nuestro ser, la presencia silenciosa de la conciencia que subyace en el trasfondo y que es el testigo pacífico de todo cuanto ocurre. Es decir, la conciencia se pierde a sí misma en el contenido de la experiencia, y al hacerlo se pasa por alto o pierde el contacto consigo misma. Pagamos ese descuido con nuestra felicidad.

Tomar conciencia de la conciencia no requiere ningún esfuerzo, no más del que le hizo falta al décimo hombre para acordarse de contarse a sí mismo. Lo único necesario es que se produzca la *relajación* de un esfuerzo previo; es decir, relajar el enfoque de la atención que se centra en exclusiva en el contenido de la experiencia a expensas de nuestro ser.

En cuanto relajamos ese esfuerzo, la presencia de la conciencia resplandece por sí misma. ¡Siempre estuvo resplandeciendo! ¡Siempre *está* resplandeciendo! Sin embargo, como estamos tan acostumbrados a perdernos en el contenido de la experiencia y a identificarnos con él, puede que al principio nos parezca que tenemos que realizar un esfuerzo para desenmarañar nuestro yo de la experiencia, en cuyo caso debemos realizar dicho esfuerzo.

Con el tiempo, lo que antes parecía requerir un esfuerzo nos parecerá nuestra condición natural. De este modo, lo que al principio puede parecernos una práctica, algo que hacemos como una persona separada, al final resulta ser una no-práctica. Solo desde la perspectiva limitada del yo separado, lo que *somos* se convierte en algo que parece que *hacemos*.

8. El espacio abierto, vacío y consciente

«Precisamente porque no hay nada dentro del Uno todas las cosas surgen de él».

PLOTINO

¿Es suficiente con que nos reconozcamos como la presencia testigo de la conciencia en el trasfondo de la experiencia?

En la mayoría de los casos, el reconocimiento de la conciencia en el trasfondo de la experiencia es un primer paso necesario. Sin embargo, es importante comprender que la presencia de la conciencia no es solo el *trasfondo* eternamente presente e ilimitado de la experiencia, sino también el *medio*, el *campo* o el *dominio* en cuyo seno surge toda experiencia, en el que existe y en el que desaparece cuando se desvanece.

Incluso desde un punto de vista convencional, resulta obvio que los pensamientos y los sentimientos surgen y existen dentro de la conciencia. Lo que ya no es tan evidente es que nuestra experiencia del cuerpo y del mundo, la cual conocemos únicamente como un flujo de sensaciones y percepciones, también tiene lugar en la conciencia.

Si nuestra atención se desplaza de un pensamiento a una sensación (por ejemplo, al hormigueo que sentimos en la cara, las manos o los pies), o de una sensación a una percepción (por ejemplo, a cualquier sonido que esté presente en nuestro entorno), no vemos que la atención abandone el campo en el que surgen los pensamientos y se adentre en un segundo campo en el que aparecen las sensaciones, o que luego deje el campo en el que aparecen las sensaciones y se adentre en un tercer campo en el que surgen las percepciones. Nuestra atención siempre viaja por *el mismo* campo: el campo de la conciencia.

Como tal, la relación que existe entre la conciencia y la experiencia es mucho más íntima que la de un simple testigo imparcial que percibe los objetos de la experiencia. En esta fase de la comprensión, la conciencia podría equipararse a un espacio vasto, vacío y consciente dentro del cual surgen los objetos de la experiencia, en el que existen mientras están presentes y en el que se desvanecen cuando desaparecen.

En ningún momento nos encontramos (ni podríamos encontrarnos jamás) con nada que tenga lugar fuera de la conciencia, del mismo modo que una nube nunca aparece fuera del cielo. Incluso el tiempo y el espacio (que normalmente consideramos como una especie de contenedores inmensos dentro de los cuales surgen todos los eventos y todos los objetos), los experimentamos dentro de la conciencia, el único lugar en el que puede aparecer cualquier experiencia.

Antes del surgimiento de la experiencia, la conciencia está vacía de todo contenido objetivo, del mismo modo que el espacio de una habitación sin amueblar está vacío de objetos. De hecho, es gracias a que la conciencia está vacía que la plenitud de la experiencia puede surgir en su interior. Si la conciencia no estuviese vacía, no habría espacio para que la experiencia pudiese darse dentro de ella, de la misma manera que, si una casa sin amueblar no estuviese vacía, no habría espacio para colocar los muebles en su interior o que, si una pantalla no fuera transparente, no sería posible que una película apareciese en ella.

Pero a mí me parece que mi conciencia está confinada y limitada a mi cuerpo.

Deja que tu atención explore libremente todo el espectro de tu experiencia y comprueba si en algún momento encuentras algo que suceda fuera de la conciencia. ¿Sería posible experimentar algo que tuviese lugar fuera de la conciencia? Date cuenta de que tu atención nunca abandona el campo de la conciencia. Todo lo que encuentra está *dentro de* la conciencia. De hecho, la atención en sí no es más que el enfoque o la concentración de la conciencia dentro de sí misma.

¿Podrías siquiera imaginar una experiencia que tuviese lugar fuera de la conciencia? Considera alguna experiencia extrema: un encuentro cercano con la muerte, una visión de Dios, un viaje inducido por drogas, un momento de éxtasis, un dolor intenso, etc. Comprende así que toda experiencia sucede o tiene lugar en el espacio de la conciencia, el único medio en el que puede darse cualquier experiencia.

Ten en cuenta que no estamos especulando sobre un estado de conciencia alterado, expandido, místico o iluminado. Y, sobre todo, no estamos especulando sobre en qué podría convertirse la conciencia si practicamos o meditamos lo suficiente. Simplemente, nos estamos refiriendo a nuestra experiencia actual, íntima, directa y ordinaria de ser conscientes.

Ahora trata de encontrar algún borde o algún límite en el campo de conciencia en el que surge tu experiencia. Encontramos límites o contornos en todo lo que conocemos o percibimos, pero ¿hay algún límite en el campo en el que surgen esas experiencias limitadas? E incluso si encontrásemos ese borde o ese límite, ¿podríamos decir legítimamente que es limitado?

Es cierto que la conciencia impregna la experiencia del cuerpo, lo que hace que tengamos la sensación de que la conciencia está ubicada *en* el cuerpo. Sin embargo, la habitación en la que estás sentado ahora mismo está llena de espacio, pero el espacio en sí no está ubicado en la habitación ni se ve limitado por ella. Es la habitación la que aparece en el espacio, no el espacio el que aparece en la habitación. Del mismo modo, la conciencia que impregna el cuerpo (y que, como tal, da lugar a la sensación «Yo soy el cuerpo») ni emana del cuerpo, ni tampoco está localizada en él, ni se limita a él. Es tu cuerpo el que aparece en la conciencia, no la conciencia la que aparece en tu cuerpo.

De hecho, la conciencia no es un espacio vasto y vacío. Al carecer de forma, no se puede medir, por lo que no podemos decir legítimamente que tenga una extensión en ninguna dimensión. Sin embargo, no es posible imaginar o pensar en algo que no tiene dimensiones (de hecho, algo sin dimensiones ni siquiera es «algo»). De modo que, como concesión a la mente, para que esta pueda concebir o imaginar la conciencia, le añadimos la cualidad de ser similar al espacio y la visualizamos como un campo o un espacio vasto y vacío dentro del cual aparece todo el contenido de la experiencia. Después, lo único que hemos de hacer es eliminar el espacio de la imagen de un espacio físico consciente y lo que queda es la conciencia adimensional.

Recuerdo como si fuera hoy la primera vez que vi esto con claridad. Francis solía referirse a menudo a la conciencia como el espacio dentro del cual surge toda experiencia, y aunque yo ya tenía una comprensión intuitiva de esto, nunca había llegado a convertirse en realidad en mi propia experiencia.

Una mañana, estaba sentado con Francis y un pequeño grupo de amigos en la casa que él y su esposa Laura tienen en el norte de California, cuando un perro empezó a ladrar en la distancia. Le comenté que me parecía obvio que el sonido del perro se producía a una cierta distancia, fuera de mí. Francis me pidió que cerrase los ojos y pusiera las manos en el suelo. Así lo hice: cerré los ojos y bajé lentamente las manos hasta apoyarlas en la alfombra.

Entonces me preguntó dónde estaba teniendo lugar la sensación. ¿Ocurría dentro o fuera de la conciencia? Hice una pausa, me fijé en mi experiencia y me di cuenta de que la sensación que generaban mis manos en contacto con el suelo estaba ocurriendo exactamente en el mismo espacio de conciencia en el que tenían lugar mis pensamientos y mis sentimientos.

Antes siquiera de que me diese tiempo a digerir el verdadero alcance de esta revelación en toda su extensión, mi comprensión empezó a desplegarse y un reconocimiento me llevaba al siguiente. Volví a poner la atención en el perro que ladraba y me di cuenta de que, si me basaba únicamente en mi experiencia directa e inmediata, sin recurrir al pensamiento o los recuerdos, también estaba teniendo lugar dentro del espacio de la conciencia, a ninguna distancia de la misma.

Quedó claro que el pensamiento conceptualizaba «el sonido de un perro en la distancia», pero lo único que en realidad sabía de ese sonido era la experiencia de *escuchar*, y el escuchar estaba teniendo lugar aquí, dentro de mí (es decir, dentro de la conciencia). No había ninguna distancia entre yo mismo (la conciencia) y la experiencia de escuchar.

Apenas había empezado a reflexionar sobre las implicaciones de esta observación cuando surgió el siguiente pensamiento: «Si la conciencia da cabida a toda mi experiencia, incluidas las experiencias del cuerpo y el mundo, ¿cuál es la *naturaleza* del espacio de conciencia dentro del cual surgen todas estas experiencias?».

Me vino a la mente un verso de *El paraíso perdido*, de Milton: «Tuyo es este marco universal, tan maravillosamente bello. Así pues, ¡maravillosamente bello eres tú también!».[1] El foco de mi interés pasó de la sensación de mis manos en contacto con el suelo y el sonido del perro ladrando al espacio de la conciencia misma. La conciencia estaba girando su atención para depositarla sobre sí misma.

Hasta entonces había creído y sentido que mi conciencia estaba ubicada en algún lugar detrás de mis ojos y que, desde ahí, observaba el mundo, pero ahora estaba experimentando el cuerpo y el mundo dentro de mí. Era evidente que la conciencia percibía el mundo *a través* del cuerpo, pero había supuesto erróneamente que esto implicaba que estaba ubicada *en* el cuerpo y que estaba limitada *al* cuerpo.

La conciencia con la que el personaje de un sueño percibe el mundo no está ubicada en su cuerpo, ni, de hecho, en ninguna parte del mundo que dicho personaje percibe. Está (dentro de los límites de la analogía) ubicada en la mente del soñador. ¿Podría ocurrir lo mismo con nuestra experiencia en el estado de vigilia?

Busqué un límite, un borde o un contorno en el campo de la conciencia dentro de la cual aparecía la experiencia que estaba teniendo en ese momento, del mismo modo que solía hacer cuando, de niño, me quedaba despierto en la cama y me preguntaba hasta dónde se

---

1.   John Milton, *El paraíso perdido*, libro v (1674).

extendía el espacio físico. Sin embargo, cuanto más avanzaba, más se me escapaba ese borde o ese límite de la conciencia.

Como un científico que realiza experimentos para probar la validez de una teoría, quería someter la posibilidad de que la conciencia fuese ilimitada al escrutinio de la experiencia. ¿Podía encontrar o incluso imaginar una experiencia que tuviese lugar fuera de la conciencia?

No obstante, cuando digo que «busqué un límite, un borde o un contorno», no quiero dar a entender que yo sea una cosa y la conciencia otra. Era yo, la conciencia, quien estaba contemplando mi experiencia de mí mismo. De esta manera, quedó claro que en la experiencia que la conciencia tiene de sí misma no hay ningún límite, ningún borde, ningún contorno.

Todo está contenido en la conciencia

A medida que yo, la conciencia, me fui hundiendo más y más profundamente en mi ser, sentía que me iba desenredando o diferenciando de los pensamientos, las imágenes mentales, los sentimientos, las sensaciones y las percepciones. Mientras lo hacía, me iba expandiendo. Ya no estaba ubicado en la cabeza o en el pecho, sino que era el espacio vasto, abierto y consciente en el que todo aparecía.

Esto me resultaba a la vez aterrador y emocionante; aterrador porque mi experiencia habitual de ser un yo finito, ubicado en el cuerpo y limitado por él, se estaba disolviendo rápidamente; y emocionante porque, a pesar del miedo, no podía evitar sentir la libertad y la alegría que acompañaban a este reconocimiento.

Aún habría de pasar algún tiempo antes de que me diese cuenta de que, por supuesto, no me estaba expandiendo. La creencia de que la conciencia estaba ubicada dentro de mi cabeza y compartía sus límites simplemente estaba quedando expuesta y se estaba disolviendo frente a la evidencia de la experiencia. Empecé a sentir lo que había leído a menudo en la literatura tradicional, pero nunca había podido verificar por mí mismo: que la conciencia se extiende más allá de los límites del cuerpo y la mente finita en los que parece estar alojada y abarca el universo entero.

Cuando mi mente empezaba a asimilar esta comprensión, fue inmediatamente seguida por otra. Si el espacio físico estuviese vacío de todos los objetos, no tendríamos ninguna experiencia de la distancia. Del mismo modo, si consideramos que la conciencia es un vasto espacio, es solo en referencia al contenido de la experiencia. En nuestra experiencia real, es decir, en la experiencia que la conciencia tiene de sí misma, no hay pensamiento ni percepción, por lo que tampoco hay experiencia del tiempo ni del espacio.

Todos experimentamos esto vívidamente en el sueño profundo, cuando no hay ninguna actividad de pensar y percibir, por lo que tampoco hay ninguna experiencia correspondiente de tiempo y espacio.

Con esta comprensión, el intento de la mente de conceptualizar la conciencia llega a su fin de forma natural y sin esfuerzo. Como concesión para la mente, es legítimo conceptualizar la conciencia como un espacio abierto y vacío, pero cuando no hay ninguna necesidad de hacerlo, la mente se aquieta, se silencia y solo queda la conciencia de ser, cuya naturaleza es la paz insondable.

9. La paz y la felicidad son nuestra naturaleza

«He visto lo que quieres; está ahí,
un amado de infinita ternura».

Catalina de Siena

La naturaleza inherentemente pacífica de la conciencia

Así como el espacio físico de una habitación no puede verse alterado por nada de lo que sucede dentro de él, tampoco nosotros, la conciencia, podemos vernos alterados por nada de lo que suceda dentro de nosotros. Puede que surjan pensamientos, imágenes mentales, sentimientos, sensaciones o percepciones turbulentos, pero la presencia de la conciencia (semejante al espacio), dentro de la cual aparecen, no se ve alterada por ellos. Por consiguiente, su naturaleza es la paz.

Y del mismo modo que el espacio de una habitación no se *vuelve* pacífico modificando el comportamiento de las personas que se encuentran en su interior, sino que ya está inherentemente en paz antes, durante y después de sus diversas actividades, también nuestra naturaleza esencial de conciencia pura está siempre en paz, sea cual sea el contenido de la experiencia. No hay que purificarla, mejorarla o aquietarla.

Independientemente de cuál sea el contenido de la experiencia que surge dentro de ella, la conciencia siempre permanece igual: abierta, vacía, permisiva, imperturbable y sin resistencia. La conciencia no necesita que la pacifiquemos a través del esfuerzo, la práctica o la disciplina. Lo único que requiere es que la reconozcamos como tal. Es decir, solo necesita conocerse o reconocerse a sí misma como lo que es.

De hecho, la conciencia siempre se está conociendo a sí misma tal como esencialmente es, pero su conocimiento de sí misma se entremezcla con su conocimiento de la experiencia objetiva, por lo que parece adoptar las cualidades de esta. Al igual que una pantalla inmóvil parece moverse cuando empieza una película, también nosotros, la conciencia, parecemos agitarnos o perturbarnos cuando nos enredamos en el contenido de la experiencia.

La paz inherente de la conciencia no es un estado mental temporal, sino la *naturaleza* misma de la conciencia, y como tal no depende de lo que ocurra o deje de ocurrir en la experiencia. Es anterior al contenido de la experiencia e independiente de él, y siempre está disponible en el trasfondo de la experiencia.

Es la paz que «sobrepasa todo entendimiento», la paz para la cual no hay explicación posible en el contenido de la experiencia. No se puede causar; solo se puede reconocer. No puede desaparecer; solo se puede ignorar. Es el contexto de la mente, no su contenido.

Por lo general, primero sentimos esta paz en el trasfondo de la experiencia y nos parece que solo tenemos acceso a ella en los huecos que quedan entre un pensamiento o sentimiento turbulento y el siguiente, del mismo modo que la pantalla solo parece volverse visible entre una película y otra.

Sin embargo, con el tiempo, el contenido de nuestra experiencia empieza a perder su capacidad de ocultamiento –al igual que la película pierde su capacidad para velar u ocultar la pantalla–, por lo que el trasfondo de la paz empieza a filtrarse y a impregnar el primer plano de la experiencia (que, a su vez, también es permeada de forma gradual y progresiva por ese trasfondo de paz).

El contenido de la experiencia no altera la conciencia, pero la paz de la conciencia sí va modificando progresivamente el contenido de la experiencia.

La felicidad es la naturaleza de la conciencia

Al igual que el espacio vacío de una habitación no gana ni pierde nada con lo que sea que ocurra en su interior, tampoco nosotros, la conciencia, mejoramos ni menguamos con ninguna experiencia (por muy agradable o desagradable que sea). La conciencia permanece siempre en la misma condición prístina e inmaculada.

Ninguna experiencia le añade o le quita nada. Como tal, la conciencia no tiene ningún interés personal en la experiencia. Es total e íntimamente una con ella, está completamente abierta a ella sin ninguna resistencia, a pesar de lo cual, al mismo tiempo tampoco necesita nada de ella. No necesita que la experiencia la perfeccione o la complete.

A la conciencia no le falta nada, no desea nada. En este sentido, es completa, está unificada, incondicionalmente satisfecha, feliz. Desde la perspectiva humana, sentimos esta completitud, esta plenitud o ausencia de carencia como la experiencia de la felicidad. Cuando experimentamos felicidad, estamos experimentando literalmente nuestra naturaleza esencial. La felicidad es el sabor de la conciencia. No es un estado mental temporal, ni siquiera se trata de una emoción en el sentido ordinario de la palabra, sino que es el trasfondo eternamente presente de todos los estados y emociones cambiantes. Es la *naturaleza* de nuestro ser, de modo que no podemos *conocer* la felicidad como una experiencia objetiva, sino que únicamente podemos *ser* la felicidad misma. Análogamente, tampoco podemos *ser* infelices, sino que tan solo podemos *conocer* la infelicidad.

A veces nos referimos a la felicidad como la «facilidad de ser», porque se encuentra en el simple conocimiento de nuestro propio ser tal como es en esencia.

Recuerdo bien la primera vez que vi con claridad que la felicidad es la naturaleza misma de mi ser. No tuvo nada de extraordinario, ni fue precedido por ninguna experiencia en particular. Simplemente lo comprendí, me percaté de ello sin más. En un cierto momento no estaba claro y al momento siguiente era obvio.

La conciencia de ser es la felicidad misma. ¿Cómo podía haber pasado por alto una verdad tan evidente? Revisé mis más de veinte años de estudio y práctica y me di cuenta de que todos esos textos y enseñanzas apuntaban a este simple reconocimiento.

Recordé los innumerables intentos que había hecho en mi vida para tratar de asegurarme la felicidad a través de objetos, sustancias, actividades, estados mentales y relaciones. En cambio, ahora, en lo más profundo de mi ser, una alegría serena se revelaba por sí misma sin esfuerzo.

Aunque en los años siguientes esta comprensión quedaría enmascarada de vez en cuando por la antigua costumbre de buscar la realización en la experiencia objetiva, ya nunca más volvió a eclipsarse por completo. Al viejo hábito le habían asestado una herida mortal, y era solo cuestión de tiempo que acabase desvaneciéndose, dando paso de manera gradual a una paz imperturbable.

Esta paz no era nueva. Tampoco era nada extraordinario. Me resultaba familiar, como un viejo amigo con quien hubiese perdido el contacto y con el que ahora me reencontraba.

Quedó claro que la respuesta a la pregunta que se había formulado por primera vez en mi mente casi veinte años antes («¿Cuál es la fuente de la paz y la felicidad duraderas?») se encontraba en el simple reconocimiento de mi propio ser. En resumen, se hizo patente que la paz y la felicidad son la naturaleza misma de nuestro ser.

¿Estoy listo para conocer mi ser?

La mayor parte del tiempo, mi experiencia es tan abrumadora que a veces me pregunto si alguna vez seré capaz de reconocer la presencia de la conciencia.

Todo el mundo está igualmente cualificado para emprender esta investigación y reconocer su verdadera naturaleza, simplemente en virtud del hecho de que todos somos conscientes. La conciencia con la que ahora estás siendo consciente de estas palabras es la misma conciencia que tiene la capacidad de relajar el foco de la atención, retirarlo del contenido de tu experiencia, regresar a sí misma y reconocer su paz innata.

Ni siquiera es necesario modificar o deshacerse de ningún elemento de la experiencia, aquietar o silenciar la mente, sustituir los pensamientos negativos por otros positivos o transformar los sentimientos desagradables. Tanto si estamos profundamente deprimidos, locamente enamorados o simplemente tomando una taza de té, siempre somos conscientes de nuestra experiencia.

La conciencia que conoce la experiencia de la depresión es la misma conciencia que es consciente de la experiencia de estar enamorado o del sabor del té. Hasta nuestros pensamientos más confusos y turbulentos surgen en la claridad de la conciencia. Hasta nuestros sentimientos más oscuros aparecen en la presencia luminosa de la conciencia.

¿Pudiera ser que sencillamente no esté listo?

Esta es una vía de comprensión, no un camino que conlleve esfuerzo. Cualquier esfuerzo que pudiera surgir, lo haría en nombre de un yo que considera que su experiencia actual es insuficiente y, por tanto, que hay que mejorarla. No surgiría en nombre del verdadero y único yo de la conciencia intrínsecamente pacífica e incondicionalmente plena.

Esta es una vía de reconocimiento y expresión: el reconocimiento de lo que ya es siempre el caso, y su posterior expresión y celebración en nuestra vida. No tiene nada que ver con cambiar o mejorar un yo que, cuando se investiga, no es posible encontrar como tal. A pesar de lo cual, es inevitable que a consecuencia de esta comprensión se produzcan cambios en nuestra vida.

Lo único que hemos de hacer es dejar de estar exclusivamente fascinados o perdidos en el contenido de la experiencia y regresar a nuestro ser. Estrictamente hablando, ni siquiera tenemos que regresar a nuestro ser. Cuando nos quitamos la ropa por la noche, no volvemos a nuestro cuerpo desnudo, sino que este tan solo se revela. Nuestro cuerpo desnudo estuvo ahí todo el tiempo, debajo de la ropa.

Del mismo modo, nuestro ser inherentemente pacífico e incondicionalmente realizado está presente *tras* toda experiencia y *en medio de* toda experiencia. Todo cuanto hemos de hacer es relajar el foco de la atención del contenido de la experiencia, y así nuestro ser resplandecerá por sí mismo. En este sentido, no se trata de un nuevo esfuerzo, sino de la relajación de un esfuerzo previo.

Este tipo de felicidad parece estar fuera del alcance de la gente común.

Para reconocer la naturaleza de la conciencia no se requiere ninguna cualificación, habilidad o circunstancia especial. Ningún sabio (Buda, el Maestro Eckhart, Lao-Tsé, Ramana Maharshi, Anandamayi Ma, Jesús o cualquier otro) tuvo un acceso privilegiado al hecho de ser consciente o a la conciencia misma.

Eran personas normales, como todos nosotros, que simplemente tenían un profundo deseo de conocer la naturaleza de su ser. Entendieron que la felicidad se encontraba en su propio ser, y este hecho les apasionaba.

Este reconocimiento tampoco requiere estar afiliado a ninguna tradición o persona en concreto. Quien ha reconocido la naturaleza de su ser esencial sabe que este no está teñido, coloreado o caracterizado por ninguna tradición en particular. Eso no quiere decir que no pueda continuar operando desde dentro de dicha tradición (si bien ahora poniendo el acento en su significado interno en lugar de su forma externa) para beneficio de aquellos que aún no han comprendido por completo su significado.

Cuando esto me suceda, ¿lo sabré?

Este reconocimiento puede producirse tanto en momentos de contemplación como cuando hay pensamientos y actividades, e incluso en el espacio que media entre ellos, del mismo modo que una actriz puede reconocer que no está definida o limitada por el papel que interpreta durante una actuación o entre una actuación y la siguiente.

Puede que ni siquiera nos demos cuenta de que se ha producido un reconocimiento específico. Tan solo notamos que disminuye esa actividad prácticamente incesante de tener que negociar con la experiencia con el propósito de buscar la felicidad, y que en su lugar ha surgido una paz sin causa. En cualquier caso, nuestra naturaleza de conciencia inherentemente pacífica e incondicionalmente realizada no necesita que la liberemos del contenido de la experiencia, pues esa es ya su naturaleza.

Este reconocimiento puede ir acompañado de una relajación muy notable de la tensión corporal o de la agitación mental, pero no debemos confundir esto con el reconocimiento de nuestra verdadera naturaleza. Es igualmente posible que este reconocimiento pueda ir acompañado del simple pensamiento: «¡Pues claro! ¿Cómo es posible que no me haya dado cuenta antes?».

Con el tiempo, esta comprensión tendrá un efecto profundo en nuestros pensamientos y sentimientos, así como en las actividades y relaciones subsiguientes, pero puede ser un proceso sutil y prolongarse durante un largo periodo, dependiendo de en qué medida nuestro personaje estuviese alejado de dicha comprensión en un primer momento.

De hecho, el proceso de realineación de nuestra forma de pensar, sentir, percibir, actuar y relacionarnos con esta nueva comprensión nunca llega verdaderamente a su fin. Antes, la experiencia eclipsaba a la conciencia, mientras que ahora la conciencia resplandece en medio de la experiencia, y toda la experiencia va siendo impregnada y saturada de forma progresiva por ella, hasta que finalmente la eclipsa por completo con su luz.

10. Creer en la separación

«Los pájaros se han desvanecido en el cielo.

Ahora la última nube se agota.

Nos sentamos juntos, la montaña y yo,

hasta que solo queda la montaña».

Li Po

Si nuestra naturaleza esencial es una conciencia eternamente presente e ilimitada, ¿qué es el ego o yo separado y cómo surge?

El ego o yo separado podría definirse como la identificación de nuestro ser, la conciencia, con el contenido de la experiencia, o como la mezcla de la conciencia con las cualidades limitadas de la mente y el cuerpo.

En el siguiente capítulo exploraremos cómo la conciencia parece adquirir las limitaciones de la mente (a las que en este contexto me refiero sobre todo como pensamientos y sentimientos), mientras que en este veremos cómo la conciencia parece estar definida por el cuerpo, contenida en él, limitada por él.

Cuando hablo del cuerpo de este modo, me refiero al cuerpo en el sentido convencional, como un objeto físico. Esto, por supuesto, lleva aparejado de forma involuntaria un dualismo inherente entre la mente y el cuerpo que no se sostiene cuando lo sometemos a un examen más detenido, pero esta es la forma en que la mayoría de la gente entiende y siente el cuerpo, por lo que constituye un buen punto de partida para ver cómo surge la creencia en la separación.

Para comprender cómo la presencia ilimitada de la conciencia que somos esencialmente se convierte, o parece convertirse, en el ego o yo finito, tomemos una vez más la analogía del espacio físico.

Imagina el espacio físico del universo antes de que contuviera ninguna galaxia, planeta o estrella. Es un espacio vasto, sin fronteras, vacío. Ahora, añádele con la imaginación a ese espacio físico vacío la cualidad de *conocer* o de *ser consciente*. Ahora es un espacio físico *consciente*.

Antes de la aparición de galaxias, estrellas y planetas, no hay nada en este espacio consciente que pueda conocer o percibir. Es un espacio físico consciente puro, sin objeto (puro en el sentido de que está desprovisto de cualquier contenido, de toda objetividad). Sin embargo, simplemente por el hecho de ser consciente, se conoce *a sí mismo*.

El conocimiento que el espacio físico consciente tiene de sí mismo no se basa en una relación sujeto-objeto, puesto que un sujeto solo puede existir en relación con un objeto separado y viceversa. En este sentido, su conocimiento de sí mismo es único. Se conoce a sí mismo sencillamente por el hecho de ser él mismo, de la misma manera que el sol se ilumina a sí mismo siendo lo que es. En este caso, lo que conoce es también lo conocido, sin que haya ningún sujeto separado que conozca ni ningún objeto conocido.

Simplemente soy

Ahora imaginemos que pudiésemos tener una conversación con este espacio físico consciente. Igual que en la vida cotidiana tendemos a preguntarle a una persona cuál es su nombre antes de hablar de cualquier otra cosa, le preguntamos al espacio físico consciente cómo se llamaría a sí mismo si tuviese que ponerse un nombre.

–Yo –responde, porque «yo» es el nombre que se da a sí mismo cualquier cosa que se conoce a sí misma. Por eso todo el mundo se refiere a sí mismo como «yo».

Ahora le preguntamos al espacio físico consciente cuál es la experiencia primaria que tiene de sí mismo.

–Simplemente soy –contesta, sorprendido de que haga falta siquiera mencionar una verdad de la experiencia que es tan evidente por sí misma. El conocimiento «Yo soy» se refiere al conocimiento que el espacio físico consciente tiene de sí mismo antes de adquirir las cualidades de cualquier otra experiencia. Y como en esta etapa no hay nada en él distinto de sí mismo, el conocimiento «Yo soy» es la totalidad de su experiencia. Lo único que hay es su propia conciencia de ser.

Ahora le preguntamos al espacio físico consciente si experimenta alguna limitación o división en su seno. Sin embargo, como no tiene ninguna experiencia de nada distinto de sí mismo, ni siquiera comprende el significado de palabras como *limitación* o *división*, permanece en silencio.

–¿Tienes un tamaño, una forma, una edad, un género, una ubicación, un peso o un borde? –le preguntamos.

De nuevo, silencio. El espacio físico consciente no tiene ningún conocimiento ni ninguna experiencia de nada dentro de sí mismo que le permita caracterizarse en estos o en otros términos.

–¿Hay en algún momento algo que te perturbe, te inquiete o te agite?

El espacio físico consciente se remite a la experiencia que tiene de sí mismo y, de nuevo, parece desconcertado. ¿Perturbación?, ¿inquietud?, ¿agitación? Tan solo existe su propia apertura infinita, silenciosa e inmóvil.

–¿Te falta algo? –seguimos interrogándole, si bien ya intuimos cuál va a ser su respuesta.

No, tan solo existe la plenitud de su propio vacío. No es ni algo ni nada, pues aún no hay cosas que le permitan tener alguna cualidad o con las que poder compararse o contrastarse.

No hay por qué conceptualizar esta ausencia de limitación, perturbación o carencia, ya que no hay nada en la experiencia que el espacio físico consciente tiene de sí mismo con lo que contrastar estas cualidades. Más adelante, desde la perspectiva de la experiencia humana, nos referiremos a ellas como su libertad, paz y felicidad innatas (no una libertad, una paz y una felicidad relativas a sus opuestos, sino las cualidades absolutas de su propia naturaleza).

Ahora avancemos rápidamente varios miles de millones de años hasta llegar al siglo XXI. El mismo espacio físico consciente se encuentra ahora poblado de galaxias, estrellas y planetas. Uno de estos planetas es la Tierra, sobre cuya superficie se elevan un sinfín de edificios. Entramos en uno de ellos y nos dirigimos a una de sus habitaciones.

Ahora le preguntamos al espacio físico consciente *de la habitación* cuál es su nombre.

–Yo –nos responde, pues, como siempre, «yo» es el nombre que aquello que se conoce a sí mismo se da a sí mismo.

Después le preguntamos sobre la experiencia que tiene de sí

mismo. El espacio consciente de la habitación echa un vistazo a su alrededor y dice:

–Soy pequeño, cuadrado, limitado, oscuro y confinado. Estoy contenido dentro de estos muros, su forma me define y dependo de ellos para mi existencia. –Una pincelada de nostalgia en su voz deja traslucir el vago recuerdo de un pasado lejano en el que se conocía a sí mismo como libre de toda limitación.

Le explicamos al espacio consciente de la habitación que al describirse a sí mismo de esta manera en realidad no se está refiriendo a la experiencia que tiene de sí mismo, sino a las cualidades y características de la habitación en la que parece estar ubicado:

–En lugar de mirar las cuatro paredes de la habitación, mírate a ti mismo –le indicamos.

Entonces, el espacio de la habitación retira su atención de las cuatro paredes de la habitación y la enfoca sobre sí mismo.

–Yo soy… –Se produce un largo silencio. No es capaz de encontrar nada en la experiencia que tiene de sí mismo que pueda añadir a su conciencia esencial de simplemente ser.

De pronto, se da cuenta de que el sentimiento de añoranza que le ha caracterizado desde que quedó aparentemente restringido a esas cuatro paredes de la habitación en realidad no era un recuerdo de su pasado lejano, sino el reconocimiento de su propio ser esencial y eternamente presente (el espacio físico consciente del universo), el cual se filtraba a través de las limitaciones de la habitación con las que erróneamente se había identificado y se estaba atrayendo hacia sí mismo.

El anhelo al que se había acostumbrado, ese telón de fondo casi constante de su experiencia, se desvanece inevitablemente como consecuencia de este reconocimiento, y su libertad y su paz innatas quedan restauradas al instante.

Una limitación imaginaria

Ahora relacionemos esto con la experiencia de ser un ego o un yo separado. La relación que existe entre nuestra naturaleza esencial como conciencia eternamente presente e ilimitada y el ego o el yo separado que parecemos ser es análoga a la que se establece entre el espacio físico consciente ilimitado del universo y el espacio consciente aparentemente confinado de la habitación.

Del mismo modo que el espacio consciente de la habitación era el *mismo* espacio que el ilimitado espacio consciente del universo, también el ser del ego o el yo separado es el mismo ser que el yo de la conciencia, solo que con una limitación imaginaria añadida.

Igual que el espacio físico consciente se identificaba con las cuatro paredes de la habitación que parecían contenerlo y, por ende, creía y sentía que era pequeño, que estaba confinado y limitado, también nosotros, la conciencia, nos mezclamos o nos identificamos con las «cuatro paredes» del cuerpo dentro del cual parecemos estar contenidos, y eso hace que nos parezca que nos convertimos en un yo temporal y finito.

En lugar de comprender que yo, la conciencia, impregno por completo el cuerpo y percibo el mundo a través de él, creemos y sentimos que estamos encerrados *en* su interior, que estamos limitados *a* ese cuerpo y que es él *el que* nos ha generado. A consecuencia de esto, la experiencia «Yo soy» queda eclipsada por la creencia «Yo soy el cuerpo». Esta mezcla o esta identificación de la conciencia ilimitada con las limitaciones propias del cuerpo es lo que da origen al ego o yo separado ilusorio.

¿Qué relación guarda el yo separado con la conciencia?

Como es lógico, el yo temporal y finito no existe *por derecho propio* (como tampoco existe un espacio consciente de la habitación que esté separado o sea independiente del espacio físico consciente del universo). No es más que una creencia, si bien muy persistente y poderosa.

Tampoco podemos decir que exista ninguna relación entre la conciencia y el ego o yo separado, porque, para empezar, no son dos entidades distintas, del mismo modo que el espacio físico consciente del universo y el espacio de la habitación no son dos espacios separados. El segundo no es más que una limitación imaginaria del primero.

Por lo tanto, el ego o yo separado es una entidad ilusoria cuya realidad se deriva de la conciencia ilimitada y eternamente presente y cuyas aparentes limitaciones son consecuencia de que percibe el mundo a través del cuerpo, por lo que parece estar ubicado en su interior y limitado al mismo.

Esa identificación de la conciencia con las limitaciones propias del cuerpo es la semilla que da origen al ego o yo aparentemente separado en cuyo nombre surgen la mayoría de nuestros pensamientos y sentimientos y a cuyo servicio emprendemos la mayoría de nuestras actividades y relaciones.

¿Es posible vivir y actuar en el mundo sin sentir que somos un ego o yo separado? Temo que si me deshago de mi yo separado dejaría de ser capaz de funcionar o de relacionarme adecuadamente en el mundo.

La verdadera pregunta es si es posible vivir y actuar con cordura, armonía y creatividad en el mundo *con* el sentimiento de ser un ego o yo separado. El sentido de ser un yo separado solo es responsable de tres aspectos de nuestra vida: la infelicidad que sentimos en nuestro interior, los conflictos que se generan entre individuos, comunidades y naciones en el exterior, y la explotación y degradación del medioambiente.

Al percibirse a sí mismo como un fragmento, el yo separado se siente incompleto e insatisfecho, lo que da lugar a una actividad casi constante de búsqueda y resistencia. En otras palabras, el ego es la fuente de todo el sufrimiento psicológico.

Y del mismo modo que el espacio físico consciente de la habitación se percibe a sí mismo como un espacio que existe de forma independiente, aislado y separado de todos los demás espacios del universo, también el yo separado se siente separado de todas las demás personas. Por supuesto, el espacio consciente de la habitación es el *mismo* espacio que todos los demás espacios aparentes, pero él no lo sabe. Análogamente, el ego o yo separado no se da cuenta de que comparte su ser con todas las demás personas y animales, lo que origina en él sentimientos de aislamiento, envidia, codicia, injusticia, crueldad, etc. En este sentido, es la principal fuente de todo conflicto.

Por último, el ego no es consciente de que, en el nivel más profundo, comparte su propio ser no solo con todas las demás personas, sino también con todas las cosas. Esta creencia vela u oculta la experiencia sentida de unidad con toda la naturaleza, lo que le permite explotar, consumir y degradar el mundo natural sin tener en cuenta las consecuencias.

Así pues, si nosotros como individuos particulares y como sociedad en general, deseamos estar en paz y llevar una vida feliz, plena y creativa, si deseamos mantener relaciones armoniosas con amigos, familiares y extraños sin importar si estamos o no de acuerdo con sus ideas, y si deseamos vivir en relación armoniosa y sostenible con la naturaleza, solo hace falta una cosa: que evolucionemos más allá del ego, más allá del sentido de separación.

11. Solo existe un yo

«La otredad para el Uno
es el Uno sin otredad».

BALYANI

Entiendo que el ego es una ilusión, pero parece absolutamente real. Siento como si hubiera dos «yoes» o dos entidades en mí. Uno es este ego ilusorio que gobierna la mayor parte de mi vida, y el otro es la presencia de la conciencia de la que ocasionalmente tengo algunos vislumbres. Si en realidad ambos son el mismo yo, ¿por qué me parecen tan distintos?

La razón por la que tu sentido de identidad te parece tan real es que *hay* algo que es innegablemente cierto en él. Cuando digo que el ego o yo separado es una ilusión, no quiero decir que no exista. Una ilusión no es algo que no existe, sino algo que *existe*, pero *no es lo que parece ser*.

Todas las ilusiones tienen una parte de realidad. Por ejemplo, el paisaje de una película es una ilusión, pero su realidad, relativamente hablando, es la pantalla. El agua de un espejismo es ilusoria, pero la luz es su realidad. La serpiente que creemos ver en el crepúsculo es en realidad una cuerda. En todos estos casos, lo único que estamos viendo es la realidad del objeto ilusorio, solo que con una ilusión superpuesta.

Del mismo modo que el espacio físico consciente de la habitación debe su realidad al ilimitado espacio consciente del universo, pero toma prestadas sus limitaciones de las cuatro paredes de la habitación, también el ego o yo aparentemente separado debe su realidad a la conciencia ilimitada y eternamente presente, pero toma prestadas sus limitaciones aparentes de las cualidades de la experiencia con las que parece mezclarse o identificarse.

Por eso, el sentido de «ser yo mismo» que todos tenemos es absoluta e innegablemente real. Lo que ocurre en la mayoría de los casos es que nuestro sentido de quién somos está tan completamente entremezclado con el contenido de la experiencia que, aunque hasta cierto punto siempre conocemos nuestro ser, no lo conocemos *con claridad*.

Siempre conoces tu ser

Para comprender mejor la relación que hay entre el ego o yo aparentemente separado y nuestra verdadera naturaleza de conciencia pura, consideremos de nuevo al actor John Smith interpretando el papel del rey Lear.

John Smith lleva una vida pacífica y plena en su hogar. Todas las tardes va al teatro, se disfraza, adopta una serie de pensamientos, sentimientos, actividades y relaciones y parece convertirse en el rey Lear, pero, por supuesto, sin dejar nunca de ser John Smith.

Sin embargo, aunque John Smith siempre sabe que él es John Smith, a veces llega a estar tan absorto o identificado con los pensamientos, sentimientos, actividades y relaciones del papel que está interpretando que se olvida o se pasa por alto a sí mismo. Se pierde en su propia creatividad, por lo que su conocimiento de sí mismo como John Smith queda eclipsado u oscurecido temporalmente por la creencia y el sentimiento de que es el rey Lear.

El rey Lear no es una persona por derecho propio, de modo que incluso la creencia «Yo soy el rey Lear» es en realidad el conocimiento que John Smith tiene de sí mismo, si bien teñido, matizado o con las características propias del personaje del rey Lear. En otras palabras, no hay dos personas: John Smith por un lado *y* el rey Lear por otro. Solo hay *una persona*, la cual o bien se revela como John Smith o bien se esconde como el rey Lear.

En este sentido, el rey Lear es una persona *imaginaria*, un yo *ilusorio* creado cuando la persona totalmente real (John Smith) se mezcla con ciertos pensamientos, sentimientos, actividades y relaciones. Sin embargo, desde su propia perspectiva, el rey Lear cree y siente que es una persona real y sufre en consecuencia. Está en lo cierto cuando siente que es real, pero se atribuye erróneamente esa realidad a sí mismo como una persona que existe de forma independiente, olvidando así que su sentido de sí mismo se deriva única y exclusivamente de la realidad de John Smith. Como tal, John Smith es la realidad de la persona ilusoria del rey Lear.

De manera similar, la conciencia ilimitada que somos esencialmente se mezcla o se identifica con el contenido de la experiencia (pensamientos, sentimientos y sensaciones), por lo que parece adquirir sus limitaciones.

Del mismo modo que John Smith se «viste» con ciertos pensamientos, sentimientos y actividades y, por consiguiente, parece convertirse en el rey Lear, también nosotros, la conciencia, nos «vestimos» con la experiencia y parece que nos convertimos en un yo temporal y finito.

Si sentimos que el yo temporal y finito que parecemos ser es tan real, es porque *lo es*. Su realidad es la conciencia ilimitada y eternamente presente. Lo único que tiene de irreal o, más exactamente, de ilusorio son las limitaciones que le atribuimos. Dichas limitaciones son imaginarias. El pensamiento las superpone a la realidad de nuestro ser.

Decir que tienes «vislumbres ocasionales» de tu verdadera naturaleza es como decir que el rey Lear tiene vislumbres ocasionales de John Smith. No es el rey Lear quien vislumbra o llega a conocer a John Smith, pues John Smith es la única persona presente.

John Smith siempre se está conociendo a sí mismo, pero su conocimiento de sí mismo se mezcla con ciertos pensamientos, sentimientos, actividades y relaciones, por lo que deja de conocerse a sí mismo *con claridad*. Se conoce a sí mismo de forma parcial, porque incluso su creencia en sí mismo como rey Lear es en realidad su conocimiento de sí mismo como John Smith, si bien velado o atenuado.

Del mismo modo, tú siempre te conoces a ti mismo. Es decir, tú –la conciencia– siempre te conoces a ti mismo, pero el conocimiento que tienes de ti mismo está mezclado con pensamientos, sentimientos, sensaciones, actividades y relaciones, por lo que no te conoces a ti mismo *con claridad*. Has dejado que la experiencia te eclipse o te vele. Lo que comúnmente conocemos como iluminación no es más que la eliminación de la ignorancia de nosotros mismos y la visión clara de nuestro ser tal como esencialmente es, antes de que la experiencia nos caracterice o nos aporte sus cualidades de alguna manera.

Así que no se trata de dos «yoes», con uno que conozca o deje de conocer al otro. Lo único que hay es tu ser, la conciencia ilimitada y eternamente presente, ya sea ocultándose parcialmente a sí misma con su propia actividad de pensar, sentir y percibir (y, por consiguiente, pareciendo un yo temporal y finito), o bien dejando de velarse a sí misma (y, de ese modo, conociéndose a sí misma tal como es en esencia).

El precio de tener un nombre y una forma

¿Significa eso que mientras tenga la sensación de ser un yo separado con experiencias seguiré teniendo problemas y sufriré?

La experiencia en sí misma no es problemática; lo que nos causa problemas es nuestra identificación con ella. No hay nada intrínsecamente problemático para John Smith en el hecho de adoptar el personaje del rey Lear. Lo hace en aras de la representación teatral.

Eso le permite, por ejemplo, tener tres hijas, convertirse en el rey de Inglaterra y luchar contra Francia. Sin embargo, lo que *sí* es problemático para John Smith es perderse de un modo tan completo en el personaje del rey Lear que se olvida de quién es en realidad. Su sufrimiento no empieza al adoptar el personaje del rey Lear, sino al creerse que *es* ese personaje.

Ahora imagina que, como el personaje del rey Lear, John Smith se pierde tanto en el drama de su experiencia que se olvida de regresar a sí mismo al final de la obra. Un colega que le felicita entre bastidores por su actuación se sorprende al verle tan afligido:

–¿Por qué estás tan triste? –le pregunta, y, en respuesta, el rey Lear empieza a hablarle de los problemas que tiene con sus hijas, de los peligros que acechan a su reino y de la guerra con Francia–. Si te sientes desgraciado no es por ninguno de esos motivos –le reprocha su amigo–. ¡Eres desdichado porque has olvidado quién eres realmente! ¿Quién eres de verdad?

–¡Soy padre de tres hijas, soy el rey de Inglaterra y estoy en guerra con Francia, por nombrar solo algunos de mis problemas! –protesta el rey Lear.

Su respuesta, claro está, solo es parcialmente cierta. En todas estas descripciones se está refiriendo al conocimiento esencial que tiene de sí mismo como «Yo soy». Sin embargo, su conocimiento de sí mismo está entremezclado con el contenido de su experiencia. Ha dejado que su experiencia le transfiera sus cualidades, por lo que ya no se conoce a sí mismo con claridad. El único motivo de su sufrimiento es que no tiene un conocimiento claro de su ser.

–¡No! –exclama su amigo–. No siempre has sido padre o rey, ni siempre has estado en guerra. ¿Quién eras antes de estas relaciones y actividades?

Entonces el rey Lear describe sus pensamientos y sus sentimientos, pero su amigo le recuerda de nuevo que nada de eso es esencial en él, pues todas esas cosas aparecen y desaparecen continuamente en su experiencia, mientras que él permanece.

Sin darse cuenta, el rey Lear está regresando poco a poco a su yo o ser esencial atravesando distintas capas de su experiencia.

A medida que continúan las preguntas de su amigo, al rey Lear le resulta cada vez más difícil responder. Ahora, largos silencios reemplazan a los pensamientos y sentimientos agitados de antes, porque no puede encontrar palabras para describir su propia naturaleza. Cuanto más profundamente se hunde en sí mismo, menos definido se siente por el personaje del rey Lear. Entonces, en algún momento, regresa a sí mismo, se recuerda a sí mismo:

–¡Soy John Smith!

El reconocimiento «Soy John Smith» no tiene nada de extraordinario o de misterioso. No es un conocimiento nuevo que John Smith adquiera. Al contrario, lo único que ha sucedido es que su anterior ignorancia de sí mismo se ha disipado. De hecho, conocerse a sí mismo como John Smith es la experiencia más íntima, ordinaria y familiar que tiene. Tan solo estaba oscurecida u oculta debido a su inmersión o a su identificación con el contenido de la experiencia.

Todo el sufrimiento del rey Lear surge a causa de sí mismo, a causa de aquel que se cree ninguneado y maltratado por sus hijas. Sin embargo, si mira dentro de sí mismo, sin duda encuentra pensamientos y sentimientos, pero no al hombre maltratado, al yo sufriente en cuyo nombre surgen.

No puede encontrar a ninguna persona real que sea el rey Lear. No existe como tal. Después de rastrear su camino de regreso a través de las capas de su experiencia, descartando todo lo que no es esencial en él, se produce el reconocimiento «Yo soy John Smith», lo que conlleva el final inmediato de su sufrimiento. En ausencia de la persona del rey Lear, su sufrimiento sencillamente no puede sostenerse.

Por supuesto, no es el rey Lear quien tiene el reconocimiento «Yo soy John Smith», pues ahí no hay ninguna persona que pudiera tener o no tener la experiencia de ser John Smith. Desde la perspectiva ilusoria del rey Lear, le parece que está explorando su verdadera naturaleza o practicando la autoindagación. Sin embargo, no hay ninguna persona o entidad ahí presente que pudiera practicar o dejar de practicar la autoindagación.

La persona que John Smith *parecía ser* (el rey Lear) y la persona que John Smith *realmente es* son una y la *misma* persona. El primero tan solo es una limitación imaginaria y autoasumida del segundo. Solo hay una persona: John Smith oculto o John Smith revelado. El ocultamiento de la verdadera naturaleza de John Smith era la causa de su sufrimiento, mientras que la revelación de su verdadera naturaleza es la restauración de su paz y felicidad innatas.

Lo mismo sucede con nuestro yo, la conciencia. Es la conciencia misma la que asume libremente las actividades del pensar y el percibir, sin dejar de ser ella misma. No hay nada intrínsecamente problemático en ello. De hecho, es lo que hace posible que haya experiencia.

Sin «revestirse» con las actividades del pensamiento y la percepción, la conciencia no sería capaz de percibir el mundo ni de participar en él. Sin embargo, hay un precio a pagar por esto, pues, al hacerlo, la presencia incondicional y sin forma de la conciencia parece adquirir las cualidades de las limitaciones de la experiencia y estar sujeta a ellas. La conciencia se pierde, o parece perderse, en la experiencia.

Esta identificación de la presencia de la conciencia con las cualidades de la experiencia es lo que crea el ego o yo separado en torno al cual gira la vida de la mayoría de las personas. En este sentido, el ego o yo separado es una entidad fabricada cuya esencia es la presencia de la conciencia y cuyas cualidades personales, limitadas y separadas se derivan del contenido de la experiencia.

Todo el sufrimiento psicológico se produce en nombre de este ego o yo aparentemente separado. Ese es el precio que paga la realidad sin nombre y sin forma de la conciencia ilimitada por asumir un nombre y una forma. Aunque el ego o yo separado es una ilusión, desde su propia perspectiva parece muy real y sufre en consecuencia.

Dado que la realidad del yo separado es el verdadero y único yo de conciencia ilimitada, lo único que tiene que hacer el yo aparentemente separado es indagar en sí mismo y descartar todo lo que no sea esencial en él, hasta que finalmente quede revelada su realidad esencial e irreductible como conciencia pura.

Así pues, el ego o yo aparentemente separado que *busca* la felicidad y el verdadero y único yo de la conciencia pura cuya naturaleza *es* la felicidad, son el mismo yo (solo que parcialmente oculto en el primer caso y plenamente revelado en el segundo).

*   *   *

Si el yo separado es una ilusión, ¿qué sentido tiene decir que debería embarcarse en algún tipo de práctica o de indagación espiritual?

Podríamos argumentar que no tiene sentido sugerir una práctica o un método a un yo ilusorio, porque el yo que busca la felicidad es como una ola en el océano que trata de encontrar el agua. De hecho, incluso podríamos afirmar que cualquier práctica de este tipo solo contribuiría a consolidar aún más su existencia ilusoria.

Esto puede ser cierto desde un punto de vista absoluto. Sin embargo, volviendo a nuestra analogía, es muy poco probable que John Smith se hubiera desembarazado de su enfrascamiento con el personaje del rey Lear sin la intervención de su amigo. Por lo tanto, como concesión al yo ilusorio del rey Lear, es legítimo –y, de hecho, necesario– sugerirle que explore su verdadera naturaleza o que practique la autoindagación.

Del mismo modo, es extremadamente raro que nuestro yo, la conciencia, se libere de forma espontánea del drama de la experiencia y reconozca su propia naturaleza ilimitada –ya no digamos que permanezca de forma estable como tal– sin algún tipo de intervención en el flujo de su experiencia.

Aunque ninguna actividad (o cese de actividad) de la mente puede provocar el reconocimiento de nuestra verdadera naturale-

za, si suscribimos de forma prematura la creencia de que no hay
nada que podamos hacer para poner fin a nuestro sufrimiento (y, en
consecuencia, no nos comprometemos con alguna investigación o
alguna práctica), entonces tenderemos a permanecer inmersos en el
habitual ciclo de búsqueda y resistencia, si bien salpicado por breves
periodos de paz o alegría.

Por tanto, como concesión compasiva al ego o yo aparentemente
separado que la mayoría creemos y sentimos que somos, las tradiciones religiosas y espirituales han elaborado prácticas o vías que
conducen al reconocimiento de nuestra verdadera naturaleza. Es
decir, nos llevan del yo que nos parece que somos al yo que somos
en esencia; nos conducen del sufrimiento a la felicidad.

Algunas de estas prácticas le dan al yo aparentemente separado
una actividad que acometer, con la intención de ir purificándolo de
forma gradual hasta que esté lo bastante refinado para fusionarse
con su fuente. También hay quienes intentan socavar el yo aparentemente separado negándose a recomendar alguna práctica para que
el ego no pueda apropiarse de ella y usarla para validar y corroborar
su existencia ilusoria.

Otros enfoques, como el que aquí se sugiere, recomiendan ir directamente al corazón del asunto e investigar el yo que creemos ser,
revelando así su naturaleza inherentemente pacífica e incondicional.

12. ¿Qué es lo que sufre?

«Déjate atraer en silencio
por la influencia superior
de lo que realmente amas».

RUMI

Si nuestra naturaleza esencial es inherentemente pacífica y dichosa, ¿por qué sufrimos tanto?

Antes que nada, hemos de distinguir con claridad entre el dolor físico, la incomodidad o el peligro y el sufrimiento psicológico. El dolor, la incomodidad y la resistencia al peligro tienen por objeto la seguridad y el bienestar del cuerpo. Son expresiones de la inteligencia que el cuerpo posee de forma innata para protegerse y preservarse.

Por ejemplo, si nos duele una muela, ese dolor es una señal inteligente que nos indica que el cuerpo requiere atención. Si tenemos hambre, esa sensación ligeramente incómoda nos indica que al cuerpo le hace falta alimentarse. Del mismo modo, si nuestra casa está en llamas, nuestra resistencia a la situación aparece en beneficio de nuestra seguridad y la de quienes están bajo nuestro cuidado.

En cambio, el sufrimiento psicológico surge por cuenta de la creencia de que somos un yo separado e independiente. Pongamos por caso que, por ejemplo, alguien nos dice algo que nos hiere.

¿Quién o qué se siente herido? Como es obvio, las palabras no lastiman al cuerpo. No dañan nuestros oídos ni nuestra cabeza. Tampoco es el espacio abierto y vacío de la conciencia el que está herido, pues las palabras lo atraviesan como un pájaro que surca el cielo, sin dañarlo en modo alguno ni dejar el menor rastro en él.

Sin embargo, algo que surge en nosotros se interpone entre la conciencia y el cuerpo y dice: «(Yo) me siento molesto». ¿Quién es ese «yo»? Es una entidad ilusoria, el ego o yo separado en cuyo nombre surgen todas las emociones aflictivas. En respuesta a la incomodidad que nos produce esa clase de emociones, la mayoría tratamos de encontrar alivio en objetos, actividades, sustancias, circunstancias y relaciones.

En cambio, en este enfoque vamos directamente a la raíz del sufrimiento. En lugar de centrarnos en las palabras hirientes, ponemos la atención en el yo que se siente herido. Si llegamos a la conclusión de que ese yo es una ilusión, ¿cómo puede permanecer el sufrimiento que surge por cuenta del mismo? Esta visión clara hace que el sufrimiento se disipe, y nuestra paz y felicidad innatas (que, aunque veladas por la emoción, estuvieron presentes todo el tiempo) quedan restauradas.

El Buda describió claramente este proceso en las Cuatro Nobles Verdades, en las cuales se afirma que existe el sufrimiento, que tiene una causa, que existe la posibilidad de ponerle fin y que hay un medio por el cual esto se puede lograr. Reformulándolas afirmativamente, podríamos resumirlas en: existe la felicidad, es nuestra verdadera naturaleza, se puede encontrar con facilidad y hay un camino simple y directo que conduce hacia ella.

La actividad del ego

Volvamos a la causa del sufrimiento. El ego o yo separado es una ilusión. Es una aparente contracción o limitación de nuestra verdadera naturaleza, es decir, de la presencia ilimitada y eternamente presente de la conciencia con la que se conoce toda experiencia, en la que aparece toda experiencia y, en última instancia, de la que está hecha toda experiencia.

Este yo ilusorio, al percibirse como un fragmento en lugar de como un todo completo, busca constantemente completarse o realizarse mediante la adquisición de objetos, sustancias, actividades, circunstancias o relaciones. En este sentido, la búsqueda es el medio a través del cual el ego intenta restaurar su completitud innata.

Al percibirse a sí mismo como un fragmento, el ego o yo separado siempre se siente vulnerable y bajo amenaza. Por eso se encuentra en un estado permanente de resistencia o de defensa contra cualquier cosa que perciba como un peligro o como algo que le puede restar.

Esta resistencia y esta defensa no surgen en aras de la seguridad o el bienestar del cuerpo; su propósito es proteger o defender una entidad psicológica ilusoria. Criticar, culpar, juzgar, acusar y discutir son algunas de las muchas maneras en las que el ego se protege y se agranda a sí mismo, validando y perpetuando así su existencia ilusoria.

Por consiguiente, buscar y resistir (el deseo y el miedo) son las dos actividades que definen al ego o yo separado. De hecho, el ego no es una *entidad* que busque y resista, sino la *actividad* misma de buscar y resistir. Dicho de otro modo, buscar y resistir no son lo que el yo separado *hace*, sino lo que *es*. Son las actividades que inevitablemente acompañan a la creencia de que somos un yo temporal y finito.

Para entender mejor esto, consideremos la analogía de una pelota de goma. En su estado natural, la pelota se encuentra en estado de equilibrio, pero si la comprimimos, su estado natural de equilibrio se altera y se genera una tensión en su interior. Podríamos decir que la «memoria» del estado natural de la pelota ejerce una fuerza sobre la pelota comprimida cuyo fin es devolverla a su estado original.

Del mismo modo, el ego o yo separado, al ser una aparente contracción de la conciencia inherentemente pacífica e incondicionalmente plena, siempre se encuentra en un estado de tensión. Este estado de tensión consiste, por definición, en estar siempre tratando de regresar a su condición natural de ecuanimidad, apertura y plenitud.

Tanto si lo hace buscando objetos, sustancias, actividades, circunstancias y relaciones como si se dedica a esa misma búsqueda por medios religiosos o espirituales, en ambos casos está respondiendo, sin saberlo, a la atracción gravitatoria que la felicidad ejerce en su propio ser.

¿Quién iba a pensar que no es nuestro yo el que busca la felicidad, sino que es la felicidad la que está buscando nuestro yo, nuestro ser? Daniel Ladinsky interpreta al poeta sufí Hafez de este modo: «Desde que la felicidad escuchó tu nombre, ha estado corriendo por las calles tratando de encontrarte».[1] Al fin y al cabo, el yo separado es una ilusión, y una ilusión no puede hacer nada, ya no digamos buscar la felicidad

Lo que el yo separado considera desde su perspectiva ilusoria como su búsqueda de la felicidad en el futuro es en realidad la atracción gravitatoria que la conciencia ejerce sobre su propia forma contraída en un intento de restaurar su estado de equilibrio natural y

---

1.   Daniel Ladinsky, «Several Times in the Last Week», *I Heard God Laughing: Renderings of Hafiz* (Penguin Books, 2006).

eternamente presente, es decir, su paz y felicidad innatas. Dicho de otro modo, somos la felicidad que buscamos.

En las tradiciones religiosas, se denomina *gracia* a ese tirón gravitacional que nuestro ser ejerce sobre su propia forma aparentemente contraída y limitada. En este sentido, la gracia no es un momento especial que alguna deidad externa nos confiere, sino la atracción continua de nuestro yo más profundo, que nos invita a regresar a nuestro hogar, a la paz de nuestro ser.

Todo sufrimiento psicológico es una extensión de las dos actividades primarias de buscar y resistir, las cuales, a su vez, son el resultado de creer que somos un yo temporal, finito y separado. En este sentido, el sufrimiento es la consecuencia inevitable de pasar por alto u olvidar nuestra verdadera naturaleza, cuya esencia es la felicidad.

La felicidad es la naturaleza de la conciencia; el sufrimiento es la actividad del ego.

Buscar y resistir son las características que definen al ego o yo separado, de modo que siempre está tratando de escapar de su experiencia actual hacia el pasado o el futuro. Por consiguiente, el ego considera que el ahora es la causa de su sufrimiento, por lo que siempre está tratando de evitarlo.

El ego está en guerra con el ahora. Constantemente intenta reemplazarlo o resistirse a él. La búsqueda le impulsa hacia el futuro, mientras que la resistencia le arrastra hacia el pasado. Por eso las personas en las que la actividad del ego es muy intensa tienden a vivir en el futuro (con ansiedad, inquietud o preocupación) o en el pasado (con arrepentimiento, desilusión, resentimiento y nostalgia).

Por supuesto que el ego (si es que podemos seguir refiriéndonos a él como una entidad) no se da cuenta de que la paz y la felicidad que anhela son su propia naturaleza y solo se pueden encontrar en el ahora, en lo más profundo de su ser. Aunque resulte irónico, está escapando perpetuamente del ahora (el único lugar en el que es posible encontrar la paz y la felicidad) hacia el pasado o el futuro (los únicos lugares en los que mora el sufrimiento).

De hecho, la inmensa mayoría de los pensamientos que tenemos sobre el pasado o sobre el futuro surgen únicamente para dar acomodo al yo separado y su rechazo inherente del ahora. Mientras tanto, el ego permanece inconsciente de que su búsqueda de la paz y la felicidad en realidad viene inspirada por la intuición de su propia naturaleza ilimitada y eternamente presente.

El desvanecimiento de la ilusión

Entiendo que el sentido de separación es una ilusión. Sin embargo, es una sensación muy fuerte. Parece casi imposible deshacerse de ella.

Cualquier intento de deshacerse del yo separado se basa en la creencia de que, para empezar, existe como tal. Por lo tanto, en última instancia esos esfuerzos *refuerzan* o *corroboran* su aparente existencia. El yo separado se perpetúa tratando de deshacerse de sí mismo.

Tratar de deshacernos del ego o yo separado es como tratar de deshacernos de la serpiente que creemos que está enroscada en la esquina del garaje. Nada de lo que le hagamos a la serpiente aparente hará que desaparezca, porque, para empezar, no está ahí. La serpiente no es más que una percepción errónea de la cuerda que solo puede persistir mientras no veamos la cuerda claramente. El ego es como la serpiente: una percepción errónea de nuestro verdadero yo, la presencia ilimitada de la conciencia.

Del mismo modo que la serpiente es una ilusión cuya existencia aparente se esfuma en cuanto vemos su realidad (la cuerda), también el ego o yo separado es una ilusión que se desvanece tan pronto como vemos su realidad (la conciencia ilimitada).

Así como el espacio consciente de la habitación es el *mismo* espacio que el espacio consciente del universo, y así como el rey Lear es el *mismo* ser o el mismo yo que el de John Smith, también el yo del ego es el mismo yo que el infinito yo de la conciencia, el único yo que existe.

El sentido de «yo» o la sensación de «ser yo» impregna todos nuestros pensamientos, sentimientos, actividades y relaciones. En otras palabras, todos guardamos permanentemente en nuestro interior el recuerdo de nuestra verdadera naturaleza, la cual resplandece en nosotros como «yo».

Solo tenemos que discernir ese «yo» con claridad. Es decir, solo hace falta que nuestro ser se conozca *a sí mismo* de forma clara, antes de ser teñido, coloreado, caracterizado o limitado por cualquier experiencia.

A esto se refería Ramana Maharshi al decir: «Cuando el yo se despoja del yo, lo único que queda es yo». Es decir, cuando el yo del ego aparente se despoja de todas las creencias y sentimientos con los que se ha revestido, el verdadero y único yo de la conciencia incondicional e intrínsecamente pacífica resplandece por sí mismo.

Así pues, no tenemos que hacer nada con el contenido de la experiencia, y menos aún con el propio ego aparente. Lo único que hace falta es que discernamos el yo que refulge con intensidad en medio de toda experiencia y, de ese modo, nuestra felicidad innata quedará restaurada.

*   *   *

*En una ocasión mencionaste que en realidad no envejecemos, pero
yo ciertamente siento que estoy envejeciendo cada día.*

El envejecimiento es un concepto, nunca una experiencia.

¡Pues es un concepto muy convincente y poderoso!

Ningún concepto es poderoso. Los conceptos son neutrales. Son las
creencias las que son poderosas.

No solo creo que estoy envejeciendo, sino que lo siento.

Exactamente, ¿qué sientes que envejece?

¡Mi cuerpo!

La única experiencia que tenemos del cuerpo es un flujo de sensaciones y percepciones que aparecen en la conciencia. Incluso decir
que experimentamos *un flujo* de sensaciones y percepciones es una
concesión a la mente, pues en cualquier momento dado tan solo
existe la sensación o la percepción *actual*.

  ¿Qué edad tiene la sensación o la percepción que estás teniendo
en este momento? ¿Veintisiete, cincuenta y dos, sesenta y ocho años?
¡No! La sensación o la percepción actual solo aparece como algo
nuevo, fresco, ahora; pero no *ahora* como un momento en el tiempo,
sino ahora como la conciencia eternamente presente, resplandeciente,

prístina y luminosa en la que surge toda experiencia y de la cual está hecha toda experiencia.

Incluso referirnos a sensaciones y percepciones que aparecen *en* la conciencia es una concesión. No experimentamos sensaciones y percepciones que aparezcan *en* la conciencia, sino que tan solo existe la conciencia y su propia actividad. Dicho de otro modo, la conciencia se modula a sí misma y adopta las formas del sentir y el percibir, pero nunca deja de ser ella misma, nunca conoce ni se convierte en nada que no sea ella misma. En este sentido, las sensaciones y percepciones no son como peces que aparecen *en* el océano, sino como olas y corrientes, movimientos que se producen en el propio seno *del* agua.

La conciencia no sabe nada del tiempo o del envejecimiento. Nuestra cultura ha degradado el ideal de la eterna juventud y lo ha reducido al concepto de un cuerpo perpetuamente joven. Sin embargo, ser eternamente joven en realidad significa conocerse y sentirse a uno mismo como la conciencia atemporal, sin edad.

Pero yo sí que experimento el tiempo.

La conciencia solo conoce el ahora; es la mente la que imagina el tiempo.

La experiencia se ajusta a la comprensión que tengamos de nosotros mismos. Si creemos y sentimos que somos esencialmente un cuerpo, entonces creeremos que estamos envejeciendo y experimentaremos el cuerpo de un modo que sea consistente con dicha creencia. En cambio, si comprendemos y sentimos que somos la conciencia eternamente presente, o el hecho de ser simplemente consciente, antes de que adquiera las cualidades o las características de la experiencia, sentiremos que siempre somos el mismo yo atemporal y sin edad. Sentiremos que siempre estamos aquí y ahora y que todas las experiencias fluyen a través de nosotros sin alterarnos, dañarnos o hacernos envejecer en modo alguno.

Yo siento que las experiencias de la vida me están transformando todo el tiempo.

Experimentamos un sinfín de cambios, pero nosotros, la conciencia, somos inmutables. No vamos pasando a través de las experiencias de la vida, sino que son las experiencias de la vida las que van pasando a través de nosotros.

Pero siento que mi vida es como un gran viaje.

El viaje tiene lugar en ti; tú no emprendes ningún viaje. El tiempo y el espacio que parecen existir para el personaje de un sueño no existen para el soñador cuando se despierta. El sueño es en su totalidad un movimiento de la mente del soñador, pero la mente del soñador nunca va a ninguna parte. Toda nuestra vida es un movimiento de la conciencia, pero la conciencia en sí jamás va a ningún sitio. La conciencia está eternamente presente ahora; pero no *ahora* como un momento en el tiempo, sino el ahora eternamente presente, la eternidad. La conciencia siempre se encuentra en el lugar sin lugar que es ella misma; no en un lugar en el espacio, sino en la presencia sin dimensiones de su propio ser.

Algunas personas parecen volverse más jóvenes y radiantes a medida que envejecen.

¡Sí! De hecho, muchos tenemos la sensación de que, a pesar del paso de los años, en realidad no estamos envejeciendo. Cada vez sentimos con mayor claridad que siempre somos la misma persona. ¿De dónde viene este sentimiento? Solo puede venir de lo que es siempre lo mismo en nosotros, ¿y qué es eso?

Conocer, ser consciente o la conciencia misma es el único elemento de la experiencia que siempre permanece igual. La sensación de que nunca envejecemos o de que siempre hemos sido la misma persona es una intuición de esta verdad. De hecho, es más que una intuición: es el *aroma* de nuestra eternidad, el *sabor* de nuestro yo eternamente presente, sin edad, inmutable e inmaculado.

Cuanto más profundamente entendemos y sentimos esto, más refulgen las cualidades innatas de nuestro ser consciente esencial a través del personaje del individuo, impregnando la mente y el cuerpo con su resplandor y su paz y derramando su calidez sobre todos aquellos con quienes nos relacionamos. En la vejez, a medida que la mente y el cuerpo de la persona se van desvaneciendo, el individuo se vuelve cada vez más transparente a su ser, el cual, a su vez, resplandece cada vez con más intensidad en todos los aspectos de su experiencia. El simple hecho de estar en compañía de alguien así es una bendición.

Pero tengo dolores regularmente.

Puede que haya sensaciones intensas, pero no permitas que la intensidad de una sensación te convenza de que eres un cuerpo, ¡y mucho menos un cuerpo que envejece!

Sí, pero cada vez tengo más achaques.

¿Dice la conciencia en algún momento: «Estoy enferma»? ¿Dice el cuerpo en algún momento: «Estoy enfermo»? ¡No! Es la mente la que reivindica estar enferma, pero incluso esa afirmación es solo un pensamiento. ¿Puede un pensamiento estar enfermo? ¿Puede una sensación o una percepción estar enferma? ¡No! En última instancia, la enfermedad es un concepto. Y esta comprensión es la cura definitiva: no una cura que nos hará sanar en el futuro, sino una cura que nos lleva directamente a aquello en nosotros mismos que ya está inherentemente libre de la enfermedad y la muerte, sea cual sea el estado en el que se encuentren nuestra mente y nuestro cuerpo.

Con esto no quiero decir que no sea legítimo o apropiado dar los pasos necesarios para curar la enfermedad, pero esos pasos no deberían eclipsar el trasfondo de quietud y bienestar sobre el que tiene lugar toda experiencia. En última instancia, estar sano significa estar completo, ileso, indiviso y, por tanto, libre de todo conflicto y toda insatisfacción. Pero no intentes convertirte en eso. Limítate a darte cuenta de que eso es lo que ya y siempre eres esencialmente. Haz que esta comprensión se convierta en tu experiencia viva y sentida.

13. Nuestra felicidad innata

«El sabio viaja todo el día sin alejarse de su hogar.
Por espléndido que sea el paisaje,
permanece serenamente en sí mismo».

LAO-TSÉ

La felicidad es siempre la misma

Entiendo claramente que la paz y la felicidad son mi naturaleza, pero debo admitir que mi felicidad depende en gran medida de mis circunstancias. Cuando coinciden con mis deseos, soy feliz. En caso contrario, sufro. Así que me siento atrapado entre mi comprensión genuina y mi experiencia innegable.

Todos hemos experimentado periodos de felicidad en la vida y, en la mayoría de los casos, cada uno de estos momentos estuvo precedido por algún objeto, sustancia, actividad, circunstancia o persona en particular. Cuando teníamos cinco años, la causa aparente de nuestra felicidad era una salida a la playa o el helado que nos daba nuestra madre. A los diez, era ganar un concurso o ser amigo de una persona en particular. En la adolescencia, cosas como el enamoramiento, un viaje al extranjero o ganar algún campeonato escolar parecían ser los detonantes de nuestra felicidad. Más tarde, con veintitantos, tal vez fuese nuestro primer trabajo, un nuevo hogar, casarnos, formar una familia, etc.

De este modo, desde muy pequeños hemos ido estableciendo en nuestra vida una clara conexión entre la felicidad y la adquisición de un objeto o sustancia en particular, o la experiencia de una actividad, circunstancia o relación concreta. Esa conexión nos llevó a concluir que la felicidad debía ser causada por la experiencia objetiva, incluso aunque no lo formulásemos en estos términos. Posteriormente, esta convicción pondría en marcha y justificaría una búsqueda interminable –y en última instancia frustrante– de la felicidad en la experiencia objetiva.

Sin embargo, si lo examinamos más de cerca, vemos que la premisa sobre la que se basa esta conclusión dista mucho de ser cierta. Para empezar, fijémonos en que, en todos los momentos de felicidad, la experiencia de la felicidad en sí es *siempre la misma*. La experiencia de la felicidad que tuvimos cuando, de niños, ganamos una competición en la escuela fue exactamente la misma que la experiencia de la felicidad que sentimos de adolescentes al enamorarnos, o de adultos al conseguir nuestro primer trabajo… De hecho, la felicidad siempre es la misma en cualquier momento de nuestra vida en que nos hayamos sentido felices.

Por así decirlo, la felicidad no está disponible en diferentes sabores, aunque lo puede parecer porque son diferentes circunstancias las que la motivan. La felicidad en sí es siempre la *misma* experiencia independientemente de cuál sea su causa aparente. Ya solo esta observación debería hacernos sospechar de la existencia de una conexión causal entre la experiencia objetiva y la felicidad.

Nuestra sospecha se confirma cuando nos damos cuenta de que lo que sea o quienquiera que parezca hacernos felices un día puede dejarnos indiferentes al día siguiente, o incluso, con el tiempo, hacernos sentir desdichados. El niño olvida y desecha rápidamente el juguete que tan solo unos días antes le hacía tan feliz. La relación íntima que una vez fue para nosotros fuente de una inmensa alegría es ahora motivo de tristeza.

Si un objeto, una sustancia, una actividad, una circunstancia o una relación realmente fuese la causa de la felicidad, entonces siempre que alguna de estas cosas estuviese presente tendríamos que sentirnos felices y dichosos. Dando la vuelta a este argumento, lo mismo tendría que ser cierto respecto del sufrimiento, pero si el mismo objeto, situación o persona puede hacernos felices un día y desdichados al día siguiente, entonces tampoco ninguna de esas cosas puede ser en sí misma la causa del sufrimiento.

Si la experiencia objetiva fuese la causa directa de la felicidad, entonces habría ciertas experiencias que nos harían felices a todos por igual. Sin embargo, no es eso lo que vemos. Si la salud fuera fuente de felicidad y la enfermedad fuente de desdicha, todas las personas sanas serían felices y todas las enfermas infelices. Si la riqueza fuera fuente de felicidad, todos los ricos se sentirían felices y todos los pobres estarían afligidos. Es evidente que este no es el caso.

Un jardinero de California estará encantado si llueve en agosto, mientras que a un jugador de tenis sobre hierba de Oxford le incomodará que llueva ese mes. La lluvia en sí no es ni agradable ni desagradable, no tiene ninguna capacidad inherente para hacernos felices o desdichados. Es nuestra disposición interna la que le confiere a la lluvia la capacidad de causar agrado o desagrado.

Además, el *mismo* evento puede hacer feliz a una persona e importunar a otra *al mismo tiempo*. En un partido de tenis entre Roger Federer y Rafael Nadal, todos están viendo el mismo encuentro, pero si gana Federer, la mitad de los espectadores se alegrarán y la otra mitad se entristecerán, y viceversa.

Si un mismo evento puede ser simultáneamente causa de felicidad en algunas personas y de infelicidad en otras, entonces la alegría y el sufrimiento que experimentan no pueden tener nada que ver con el evento en sí. En cambio, tiene todo que ver con la actitud con la que presenciamos dicho evento; una actitud que no surge en respuesta al acontecimiento en sí, sino que proviene de nuestro propio condicionamiento pasado. De aquí podemos sacar una conclusión muy simple: que ningún objeto tiene la capacidad inherente de causarnos felicidad o sufrimiento.

Entonces, ¿por qué nos parece que nuestras circunstancias externas tienen la capacidad de hacernos felices o desdichados?

El hecho de que la satisfacción de un deseo parezca producirnos felicidad sugiere que la causa de la misma se encuentra en esos objetos, sustancias, actividades, circunstancias o relaciones. Sin embargo, la adquisición de cualquiera de estas cosas no es lo que provoca la felicidad que experimentamos, sino que pone fin al estado de deseo, a la actividad de buscar y resistir que define al ego o yo separado.

En ausencia de búsqueda o resistencia (es decir, en ausencia de cualquier impulso de escapar del ahora), somos uno con nuestra experiencia actual y estamos alineados con el flujo del universo. Ya no nos separamos o nos escindimos de la totalidad de la experiencia como una entidad con existencia independiente a la que o bien le gusta su experiencia y quiere aferrarse a ella, o bien le desagrada y quiere deshacerse de ella. El resultado es que nuestra verdadera naturaleza de paz y felicidad resplandece o sale a la superficie.

La felicidad que sentimos no ha sido causada por nada externo a nosotros mismos, sino que se trata simplemente del estado natural de nuestro ser (que antes estaba velado o encubierto por la propia actividad de buscar y resistir, pero ahora queda revelado).

Cuando mi hijo tenía seis o siete años, le regalé un par de guantes de portero para su cumpleaños. Abrió el paquete con impaciencia y en cuanto vio los guantes exclamó: «¡Sí! ¡Me encanta tener cosas nuevas!».

De forma inconsciente, había intuido que no eran los guantes en sí los que le proporcionaban ese momento de alegría. Era su novedad la que tenía el poder de acabar con su estado de expectación (es decir, el futuro) y traerle directamente al presente.

¿Y cómo escapamos del presente y nos aventuramos en el futuro? A través del pensamiento. Para mi hijo, los guantes pusieron fin de forma temporal al pensamiento y, en su ausencia, experimentó la presencia de la conciencia que se encuentra justo detrás del pensamiento y que, por lo general, queda oculta por él. Es decir, se experimentó a sí mismo.

Si los guantes hubiesen sido la fuente de su felicidad, entonces se habría sentido feliz siempre que los tuviese con él. ¡Y por supuesto que no fue así! Durante unos días los guantes conservaron su capacidad de llevarle al ahora (es decir, de transportarle a la experiencia de la felicidad), y mientras esto duró, siguió disfrutando de ellos. Pero con el tiempo perdieron esta capacidad y, aunque siguió utilizándolos, dejaron de ser una fuente de alegría.

La mayoría podemos vernos reflejados en esta historia. Basta con que sustituyamos los guantes de portero por el objeto, sustancia, actividad, circunstancia o relación del que se trate en nuestro caso.

Al creer que el objeto en sí ha sido la causa de la felicidad que hemos experimentado en el pasado, la mente se lanza en busca de otro objeto o experiencia similar, perpetuando así un ciclo interminable de búsqueda y decepción, si bien salpicado aquí y allá por fugaces intervalos de felicidad.

De este modo, la experiencia que casi todo el mundo tiene se caracteriza, además de por estos momentos relativamente breves de tregua, por un estado de búsqueda y resistencia constante. En consecuencia, su paz y felicidad innatas siguen siendo casi todo el tiempo un potencial no realizado.

Búsqueda y resistencia

Pero lo que yo quiero para poner fin a mi insatisfacción no es ninguno de los objetos, circunstancias o relaciones de siempre. Mis deseos son muy específicos. Si no lo fuesen, cualquier cosa o cualquier persona me servirían, ¡pero por desgracia no es así!

Las circunstancias externas parecen tener el poder de causarnos felicidad o infelicidad solo en la medida en que coinciden o no con la capa condicionada de gustos y aversiones que yace en las profundidades de nuestra mente. Esta capa de preferencias individuales ocupa una posición intermedia entre el trasfondo de la conciencia y el primer plano de los objetos y las personas, y constituye un filtro a través del cual percibimos la experiencia.

Nuestra experiencia del mundo desencadena esta capa intermedia de sentimientos subliminales, la cual, a su vez, pone en marcha las actividades de la búsqueda y resistencia. Si nuestra experiencia del mundo no activa esta capa o este filtro de gustos y aversiones, no hay en nosotros ninguna inclinación a resistir la experiencia actual o a buscar una nueva experiencia.

Por ejemplo, si no fuéramos ni jardineros en California ni jugadores de tenis en Oxford, no tendríamos una actitud predefinida hacia la lluvia, por lo que ni la buscaríamos cuando estuviese ausente ni nos resistiríamos a ella cuando estuviese presente. Si no tuviésemos ninguna preferencia por Federer o por Nadal, el resultado del partido no tendría la capacidad de alegrarnos o entristecernos. Si a mi hijo no le hubiese gustado el fútbol, los guantes no habrían tenido el poder de provocar en él ese sentimiento de alegría.

En ausencia de preferencias y de las actividades de búsqueda y resistencia que generan, somos uno con nuestra experiencia actual, y eso nos permite sentir nuestra felicidad innata.

Más o menos por la misma época en que le regalamos los guantes a mi hijo, le llevé por primera vez a ver un partido de fútbol. Justo antes de que diese comienzo, le pregunté quién quería que ganase. Me miró con gesto de incredulidad y extrañeza, como si le hubiese hecho una pregunta tonta, y me respondió: «¡Pues el que meta más goles!».

Fue uno de esos comentarios encantadoramente simples y asombrosamente sabios que a veces hacen los niños de corta edad, observaciones que emanan de una inteligencia inocente y luminosa que todavía no ha sido moldeada por el pensamiento racional.

La mente de mi hijo aún no estaba condicionada con ninguna preferencia en lo referente al partido de fútbol, por lo que no echó mano del pasado para tenerlo en cuenta en su forma de interpretar la experiencia que estaba teniendo en ese momento. No había en él ninguna resistencia a la situación actual porque en su mente no había ninguna idea preconcebida sobre cómo debía desarrollarse el partido. Su estado mental era uno con la situación presente, sin importar en qué dirección fluyese la misma. ¡Sencillamente, quería que ganase quienquiera que fuese ganando! Quería que ocurriese lo que fuese que estuviese ocurriendo.

Como es lógico, con el tiempo mi hijo creció y dejó atrás esta forma de ver las cosas. No obstante, da testimonio de la inteligencia que constituye la esencia de nuestra mente y que, aunque eclipsada u oscurecida en la mayoría de los casos, siempre está disponible detrás de todas esas capas de pensamientos y sentimientos condicionados.

Hace unos mil cuatrocientos años, Seng-Ts'an, el tercer patriarca del zen, también expresó esta misma inteligencia inocente y luminosa. Su famoso poema *Hsin Hsin Ming*, que podría traducirse como «Confiar en la naturaleza de la conciencia», es uno de los textos preeminentes de la tradición budista zen:

> Estar feliz y sentirse en paz no es difícil para quien no tiene preferencias. Cuando los gustos y las aversiones no están presentes, todo se vuelve claro y simple. Sin embargo, haz la más mínima distinción y serás expulsado del reino de la felicidad eterna que es tu derecho de nacimiento. Si quieres ser feliz y estar en paz, entonces no tengas opiniones ni a favor ni en contra de nada ni de nadie. Establecer lo que nos gusta frente a lo que nos desagrada es un hábito condicionado de la mente que constituye una fórmula segura para la desdicha. Cuando le permitimos a las cosas ser lo que son, las cosas nos permiten ser lo que somos, y la paz y la felicidad que son nuestra naturaleza emergen sin esfuerzo.[1]

---

1.   Esta es mi propia interpretación del *Hsin Hsin Ming* de Seng-Ts'an, compilada a partir de varias traducciones.

Una apertura incondicional

La felicidad siempre está presente dentro de nosotros en estado latente, si bien se encuentra opacada o ensombrecida por nuestra resistencia a la situación que se dé en cada momento. A su vez, esta resistencia se activa debido a la capa subliminal que forman nuestros gustos y aversiones condicionados. De hecho, no buscamos ningún objeto, sustancia, actividad, circunstancia o relación por sí mismo, sino que lo hacemos para satisfacer las exigencias que llevan implícitas nuestras preferencias.

Cuando estas exigencias se satisfacen, la resistencia que mostramos a la situación actual llega a su fin. En lugar de oponernos a nuestra experiencia actual, nos alineamos con ella, y en esa alineación con lo que es sale a relucir nuestra felicidad innata.

Una persona cuerda y sensata no espera a que sus circunstancias se alineen con sus ideas preconcebidas sobre cómo deben ser las cosas. Su felicidad es anterior al contenido de la experiencia e independiente del mismo. No deja que su felicidad dependa de la experiencia, sino que ella misma introduce esa felicidad en la experiencia con su apertura incondicional a lo que sea que esté experimentando.

En cierta ocasión escuché la historia de una mujer de noventa y dos años que, al fallecer su esposo de sesenta, presentó una solicitud para trasladarse a un hogar de ancianos. Al llegar, le dieron la bienvenida y la llevaron a ver su nueva habitación. Cuando entraron en el ascensor, la mujer le dijo a su cuidador:

–¡Me encanta!

–¿Cómo? –preguntó el cuidador desconcertado.

–La habitación –explicó ella.

–¡Pero si todavía no la ha visto! –exclamó perplejo el cuidador.

–¡Oh! ¡Eso es lo de menos! –sentenció la anciana.

Buscar la felicidad en la experiencia objetiva es básicamente erróneo. Es abrirle las puertas a la desdicha e invitarla a entrar. Cuando vemos esto claramente, dejamos de tener expectativas y de exigir que las personas y las circunstancias sean una fuente de felicidad. Buscar la paz y la felicidad en la experiencia objetiva es abocarnos al fracaso y la decepción y sembrar las semillas del conflicto en nuestras relaciones.

Todo el sufrimiento psicológico y emocional surge a causa de nuestra resistencia, y dicha resistencia es algo que generamos en nuestro propio interior. Ninguna persona ni ninguna circunstancia nos impone el sufrimiento desde fuera, sino que somos nosotros mismos quienes nos lo autoinfligimos. La felicidad es lo que *somos*, mientras que la infelicidad es la actividad de buscar y resistir, es decir, algo que *hacemos*.

La infelicidad siempre tiene una causa (la frustración de nuestras expectativas y la subsecuente actividad de buscar y resistir), mientras que la felicidad nunca tiene causa. En ausencia de esa capa de expectativas y exigencias con la que filtramos y gestionamos la experiencia, no se activan la búsqueda y la resistencia. Entonces, nos encontramos abiertos de forma natural, sentimos que somos uno con la situación actual, estamos en armonía con el despliegue del universo.

Esta unidad con el contenido de la experiencia no es algo que tengamos que practicar o que debamos producir, sino que es nuestra condición natural anterior al surgimiento de la actividad de buscar y resistir. Por el contrario, el filtro de la capa de pensamientos y sentimientos mediante los cuales negociamos con la experiencia hay que crearlo y mantenerlo.

La felicidad no es algo que podamos encontrar, adquirir o generar; solo puede ser descubierta, revelada y reconocida. Es el resplandor de nuestro propio ser incondicionado que brilla en medio de toda experiencia. No tenemos que hacer ningún esfuerzo para lograrla.

Al contrario. Lo que la oculta es el propio esfuerzo de buscar y resistir. Por eso el sabio Ashtavakra dijo que «La felicidad pertenece a esas personas sumamente perezosas para las que hasta parpadear es demasiado esfuerzo».[2]

2.   *Ashtavakra Gita.*

14. El sufrimiento es nuestra propia actividad

«Encuentra al Uno en todas partes y en todas las cosas
y eso pondrá fin al dolor y el sufrimiento».

ANANDAMAYI MA

La densidad de la capa condicionada de gustos y aversiones que habita en los rincones de nuestra mente y la frecuencia con la que se activa, determinan la medida en que la búsqueda y la resistencia surgen en nosotros y velan nuestra felicidad innata.

Si este filtro es relativamente transparente, un cierto grado de felicidad se colará en nuestra experiencia, al igual que la luz del sol se filtra en una habitación a través de una fina cortina de muselina. Si es opaco y se activa con frecuencia en respuesta a la situación presente, nuestra paz y felicidad innatas se verán eclipsadas casi por completo, al igual que una cortina de tela gruesa bloquea casi por completo la luz del sol. Esto equivale a la experiencia de la depresión.

La experiencia que la mayoría tenemos del sufrimiento fluctúa en el rango establecido por estas dos posibilidades, variando solo en amplitud y frecuencia. En ausencia de ese filtro de gustos y aversiones (y de la actividad de buscar y resistir que lo acompaña) el primer plano de la experiencia está saturado de la felicidad que constituye la naturaleza de su trasfondo, del mismo modo que una habitación sin cortinas está llena de luz.

De hecho, cuando las cortinas de nuestro dormitorio están abiertas, no vemos que la luz entre por las ventanas desde el exterior, sino que la luz emerge desde dentro de la habitación. Del mismo modo, tan pronto como se desploma la capa de gustos y aversiones con la cual filtramos y gestionamos la experiencia, la paz nos inunda desde nuestro propio interior.

Esa paz, esa alegría, está siempre ahí. Es nuestra propia naturaleza, y simplemente aguarda a que la liberemos. Somos nosotros los que nos cerramos a ella. Las circunstancias nunca son las que nos facilitan la felicidad ni las que la impiden. Eso tan solo es el resultado de nuestra disposición interior, y en todo momento somos libres para determinar cuál va a ser nuestra actitud.

El depósito de residuos emocionales

¿Qué es lo que crea esta capa de gustos y aversiones, y qué hace que surja?

La condición natural de la conciencia es estar abierta sin resistencia a toda experiencia, del mismo modo que el espacio físico tampoco ofrece resistencia a lo que sucede dentro de él. Una experiencia surge en la conciencia, existe durante un cierto tiempo y luego se disuelve de nuevo en ella sin dejar rastro ni desencadenar un proceso de búsqueda y resistencia.

Sin embargo, algunas experiencias no pasan limpiamente a través de la conciencia, sino que se encuentran con cierta resistencia o con el deseo de aferrarnos a ellas. Otras veces buscamos una experiencia que no está presente, lo que también constituye una forma de resistencia a nuestra experiencia actual.

Cada vez que nos resistimos a la experiencia que estamos teniendo, cada vez que nos aferramos a ella o buscamos una experiencia que no está presente, nos oponemos a nuestra situación actual, luchamos contra lo que es, lo cual genera un conflicto en nuestra mente.

Si más adelante este conflicto se resuelve, la energía que indujo se disipará y no quedará rastro de él. En cambio, si el conflicto se perpetúa sin resolución, se almacena, no solo en las capas más profundas de la mente, sino también bajo la forma de la correspondiente capa de tensión en el cuerpo.

Los residuos que van dejando en nosotros incontables conflictos y tensiones no resueltos quedan impresos en la mente y en el cuerpo. Su acumulación conforma la capa de gustos y aversiones con la que filtramos y gestionamos la experiencia, y en virtud de la cual nuestra felicidad innata queda, al menos parcialmente, velada.

Para comprender de qué manera esta capa de tendencias y preferencias distorsiona nuestra experiencia actual y cómo influye en nuestra respuesta a la misma, retomemos la analogía de la conciencia como un espacio abierto, vacío y consciente. Todas las experiencias surgen dentro de este espacio, y si una experiencia no es particularmente placentera ni desagradable, una vez que desaparezca no dejará ni rastro en él.

En cambio, si consideramos que una experiencia es especialmente agradable o desagradable (y, por consiguiente, queremos aferrarnos a ella o deshacernos de ella), se genera una tensión en nosotros. Cuando la experiencia desaparece, queda en el espacio un residuo de esta tensión no resuelta, como una fina capa de niebla a través de la cual filtraremos la siguiente experiencia o lo que surja a continuación.

Aunque el espacio de la conciencia en sí siempre es claro, abierto y vacío y no se ve empañado por ninguna experiencia, persisten en él un número incalculable de residuos emocionales y, en conjunto, forman esa capa de tendencias y preferencias.

Cuando experimentamos algo en la vida que se corresponde con algún aspecto del contenido de este depósito de residuos emocionales, se desencadena la misma actividad de buscar o resistir que en un primer momento hizo que ese aspecto se depositase en algún rincón de nuestra mente. Si reaccionamos de manera desproporcionada a una experiencia, podemos estar seguros de que la capa residual de sentimientos subliminales se ha activado y se está mostrando.

Por ejemplo, alguien que de niño haya sido abandonado o no recibiese la debida atención puede sentirse rechazado cuando su pareja mire a otra persona, o incluso si simplemente necesita tomarse un tiempo para sí misma. Alguien a quien reprendiesen a menudo en la infancia puede afrontar las críticas poniéndose irracionalmente a la defensiva o tendiendo a reafirmar con frecuencia el frágil sentido que tiene de sí mismo a través de los juicios, las críticas o las discusiones. Es posible que este tipo de personas se alteren con facilidad y que sean propensas a sentirse ofendidas en situaciones en las que nadie tiene intención de provocarles.

Si estas tendencias habituales y estas energías residuales se encuentran por debajo del umbral de la mente del estado de vigilia, ¿estamos condenados a vivir para siempre sus consecuencias? Y en caso contrario, ¿basta con que permanezcamos como la presencia

de la conciencia al afrontarlas, o es necesario que nos volvamos
conscientes de ellas para poder eliminarlas?

El intento de deshacernos de estos hábitos y tendencias tan arraigados constituye en sí mismo uno de estos hábitos. Así, una de las
formas más sutiles en las que el yo aparentemente separado se perpetúa a sí mismo es precisamente tratar de deshacerse de sí mismo.

El yo aparentemente separado se alimenta del conflicto, y si no
puede encontrar otra persona a la que oponerse, le basta con estar
en conflicto consigo mismo. De modo que el primer paso es la
aceptación, la apertura. Afortunadamente, la apertura es la naturaleza misma de la conciencia, por lo que no tenemos que crearla ni
mantenerla por medio del esfuerzo.

Tan solo hace falta que seamos conscientemente la apertura consciente dentro de la cual aparece este nudo de tensión y con la cual
lo conocemos. En última instancia, este sentimiento está hecho de
la misma conciencia dentro de la cual surge, del mismo modo que
todas las olas y todas las corrientes están hechas de océano.

Los organismos que viven en el fondo de un pozo rara vez ven la
luz del día, por lo que permanecen inactivos, en estado durmiente.
Sin embargo, una vez al día, al mediodía, la luz del sol incide directamente sobre la boca del pozo y las criaturas del fondo se despiertan
y empiezan a subir a la superficie.

Del mismo modo, la capa subliminal de pensamientos y sentimientos yace bajo el umbral de la mente del estado de vigilia, por
lo que en circunstancias normales no está disponible para ella. En la
mayoría de los casos, estos sentimientos son demasiado dolorosos
como para hacerles frente, por lo que desarrollamos todo tipo de
estrategias con el fin de reprimirlos o evitarlos.

Así, su existencia ininterrumpida bajo la superficie de la mente del estado de vigilia queda asegurada y continúan ejerciendo su influencia subliminal y perturbadora en nuestra vida. Por así decirlo, siguen estando en el fondo del pozo, mostrándose a menudo en sueños, o como los arrebatos de reactividad emocional o los comportamientos destructivos que tenemos en el estado de vigilia. De hecho, cuanto más los ignoramos o los reprimimos, más tiende a aumentar su intensidad a medida que claman por nuestra atención.

En cambio, cuando permanecemos como la presencia sin resistencia de la conciencia, dejamos de tener una actitud negativa o represiva hacia tales sentimientos, lo que les permite aflorar. Las tendencias profundamente arraigadas que yacen en el «inconsciente» (es decir, los recovecos de la mente que no son accesibles en el estado de vigilia) empiezan a subir a la superficie atraídas por el sol de la conciencia. Esta actitud de apertura, de dar la bienvenida a todo lo que surja, es en sí misma tanto la exposición como la disolución de estas tendencias subliminales.

A medida que estas capas residuales de emociones enterradas se van disipando y la apertura natural de la conciencia se va volviendo cada vez más obvia, menos circunstancias de nuestra vida conservan la capacidad de desencadenar la actividad de buscar y resistir. En consecuencia, empezamos a sentirnos en paz, plenos y satisfechos en circunstancias que previamente habrían constituido una fuente de sufrimiento y conflicto. Nos vamos estableciendo en la paz de nuestra verdadera naturaleza.

En ausencia de resistencia, dejamos de separarnos o de escindirnos del universo como una entidad con existencia independiente que rechaza lo que está presente o busca lo que no está presente. De hecho, en este caso no hay ningún «nosotros», por un lado, y «el resto del universo», por otro, sino que el universo es precisamente eso, un *universo*, no un multiverso. Es una totalidad única e indivisible.

Nuestros gustos y aversiones (así como las actividades de búsqueda y resistencia que generan) son el mecanismo por el cual nos erigimos como una entidad separada del mundo y de todos los demás. Antes de que surja dicha actividad, la situación actual es una danza de elementos interrelacionados en la que ninguna persona ni ninguna cosa se destaca con su propia existencia separada o independiente.

En última instancia, no hay personas ni cosas. Los objetos discretos solo parecen serlo desde la perspectiva de un ego o yo separado ilusorio. A través de la actividad de buscar y resistir, nos diferenciamos artificialmente de la totalidad de la situación actual como una entidad aparentemente separada e independiente: el ego.

Esa entidad imaginaria es la que, a través de su propia actividad de gusto y aversión, se separa de los objetos y de las demás personas. El resultado es que siempre está en conflicto con el universo, un conflicto que no puede ganar. Alguien así está condenado a la frustración y el desengaño, se inflige sufrimiento a sí mismo y crea conflictos con quienquiera que se relacione.

Las actividades de esa entidad tampoco contribuyen al bien a largo plazo de la humanidad, aunque pueden suponer una diferencia a corto plazo. El sentido de separación que está en su origen mismo se imprime de forma subliminal en todas sus actividades y, con el tiempo, da lugar a más conflictos. Por eso en nuestra civilización hay tantas injusticias a las que, a pesar de que llevamos siglos y siglos interviniendo con nuestra mejor intención, aún no hemos conseguido poner remedio.

Esa distinción primaria entre el yo y el otro, que se inicia y perpetúa mediante las actividad de buscar y resistir, es el nacimiento de la dualidad, es la expulsión del jardín del edén, la actividad a través de la cual la unidad del ser se fragmenta en una aparente multiplicidad y diversidad de objetos y «yoes» discretos e independientes.

Es la actividad de la separación, cuya consecuencia inevitable es, a nivel interior, la infelicidad, y a nivel exterior el conflicto entre individuos, comunidades y naciones, así como la explotación y la degradación de la tierra.

*   *   *

La mayoría de las grandes tradiciones religiosas y espirituales surgieron a partir de la comprensión de que la paz y la plenitud que todos anhelamos se encuentran en lo más profundo de nuestro propio ser y están igualmente disponibles para todos, en todo momento y circunstancia (excepto en algunos casos excepcionales en los que la seguridad o el bienestar del cuerpo se ven gravemente comprometidos).

Sin embargo, con el tiempo esta comprensión se ha ido mezclando, en mayor o menor medida, con elementos exógenos, derivados o bien a partir de las costumbres locales y temporales de la cultura en la que se originase la tradición, o bien a partir de malentendidos que han complicado y mistificado este enfoque simple y directo.

Desprovista de esta comprensión, la cultura de nuestro mundo tan solo puede ofrecernos una distracción temporal de los sentimientos incómodos o desagradables a través de la adquisición de objetos, sustancias, actividades, estados mentales y relaciones. Sin embargo, tan pronto como el objeto, la sustancia, la actividad, etc., desaparece o llega a su fin, el sufrimiento subyacente emerge de nuevo, agravando así el ciclo de sufrimiento, búsqueda y evitación que constituye la base de toda adicción.

En cierta ocasión, durante un vuelo de San Francisco a Seattle, estaba editando un artículo sobre el origen de las adicciones. En un extraño y conmovedor momento de sincronía, la mujer obesa que estaba sentada a mi lado, con la que había estado conversando intermitentemente durante el vuelo, pidió otro aperitivo y, volviéndose hacia mí con un suspiro de alivio que a duras penas ocultaba la expresión de desesperación en sus ojos, me dijo: «Cuanto más como, mejor me siento».

Cómo iba a saber aquella mujer que mi sonrisa no solo respondía a la extraordinaria concisión con la que había expresado el mismo síndrome sobre el que estaba escribiendo en ese momento, sino que, lo que es más importante, contenía la súplica de que algún día se abriese una tregua en el ciclo de carencia, evasión y satisfacción fugaz en el que estaba inmersa, una pausa en la que se revelase el trasfondo de la paz que tanto anhelaba.

Muchas personas están sumidas en una búsqueda incesante de nuevos objetos, experiencias o relaciones en un intento por enmascarar el insoportable vacío que sienten en el centro de su ser, sin darse cuenta de que lo que realmente anhelan es estar en armonía con el ahora, sea cual sea su contenido, para así sentir la paz y la alegría de su verdadera naturaleza.

En todo momento, todos tenemos que tomar una simple decisión: o bien abrazar nuestra situación actual y responder a ella desde esa posición de apertura, o bien interpretar la situación a través del filtro de nuestro condicionamiento pasado y, sobre esa base, rechazarla. Si le damos la bienvenida a lo que sea que estemos experimentando en el momento presente (nuestro estado de salud, el comportamiento de nuestra pareja, colega, padre, madre, hijo o hija, o el desarrollo de los acontecimientos en el mundo), se liberará en nuestra experiencia actual la misma felicidad que sentiríamos si nos tocase la lotería.

Imagina la libertad que supondría llevar una vida en la que sabes que tu felicidad no depende de nada ni de nadie. La paz, la alegría que es la naturaleza de tu ser, te acompañaría constantemente; a veces estando presente en reposo en el trasfondo de la experiencia y a veces desbordándose en el primer plano de la misma.

Socavar las capas

Casi todo el sufrimiento psicológico deriva de la actividad de buscar y resistir (la cual, a su vez, es activada por tendencias profundamente arraigadas en nosotros). En este sentido, es nuestra *propia* actividad. Nunca se nos impone desde el exterior. Echarle la culpa a alguien o a algo de nuestra propia infelicidad solo indica que aún no hemos entendido bien el mecanismo del sufrimiento.

Nos equivocamos si creemos que la pérdida de nuestras facultades, el comportamiento de nuestra pareja, el estado de nuestra cuenta bancaria o de nuestra salud es la causa de nuestra infelicidad. Nada de eso puede producirnos infelicidad a menos que le demos permiso para hacerlo, en cuyo caso lo hará. En cambio, en cuanto le retiramos ese permiso, recuperamos de inmediato la responsabilidad de nuestro propio sufrimiento.

La felicidad es la consecuencia inevitable de afrontar nuestra experiencia momento a momento sin resistencia. Cada vez que encaramos la experiencia actual con esta actitud de apertura y entrega, sin darnos cuenta estamos socavando y erosionando poco a poco el depósito subliminal de tendencias y preferencias que yace en lo más profundo de nuestra mente.

Y al contrario: cada vez que permitimos que esta capa subliminal

gobierne nuestras respuestas y nuestros actos, la estamos fortaleciendo y sentando las bases para la infelicidad en el futuro.

Shantananda Saraswati solía contar una historia sobre Krishna
y su compañero de viaje. Al final de su primer día de marcha a pie,
llegaron a la mansión de un hombre rico y le preguntaron si podían
pasar allí la noche. El acaudalado dueño de la hacienda ordenó a
uno de sus sirvientes que les mostrase el establo del ganado, donde
encontraron un rincón en el que dormir sobre la paja. La mañana
siguiente, al partir, Krishna lanzó un hechizo sobre el hombre que
hizo que su riqueza se duplicara.

Ese día, al anochecer, llegaron a la casa de un pobre granjero
que solo tenía una vaca, cuya leche constituía su única fuente de
alimento y de ingresos. Le pidieron al granjero un lugar para quedar-
se, y en respuesta él acondicionó para ellos su modesto dormitorio,
compartió con ellos su exigua cena y él mismo se fue a dormir al
cobertizo.

A la mañana siguiente, Krishna le mostró su gratitud al granjero
y lanzó un hechizo sobre su vaca que hizo que enfermase y muriese.
Tras varias horas de caminata, el compañero de Krishna no pudo
contenerse más y le pidió que le aclarase por qué había tratado de
un modo tan injusto y desigual a sus dos anfitriones.

Krishna le explicó que el hombre rico tenía muchos apegos y simplemente los había duplicado, causándole así más desdicha, mientras
que en el caso del granjero, solo un apego se interponía entre él y
la felicidad sin causa, así que sencillamente le había liberado de él.

En el contexto de nuestra exploración, podríamos equiparar los
apegos de esos dos hombres con el depósito de energías residuales
que persisten en nuestro corazón mucho después de que el evento que los provocó haya terminado. Krishna reforzó la influencia de

este depósito en la vida del hombre rico, con lo que intensificó su tendencia a buscar y resistir, aumentando así su sufrimiento.

En cambio, al hacer que la vaca del pobre hombre muriese, Krishna estaba socavando la fuerza y la densidad de las tendencias residuales del granjero, purificando así su corazón de los últimos vestigios de la creencia de que la felicidad depende de las circunstancias, lo que le permitiría experimentar plenamente esa felicidad sin causa.

No son las circunstancias externas las que provocan en nosotros la búsqueda o la resistencia, sino que esas actividades son nuestra propia responsabilidad. En lugar de reaccionar de forma emocional e impulsiva, damos un paso atrás y tomamos distancia de la capa condicionada de gustos y aversiones que caracteriza al ego o yo separado. Así, permaneciendo como la presencia de la conciencia, hacemos frente a toda experiencia sin resistencia.

Cuando la capa intermedia de gustos y aversiones no existe o ha sido neutralizada (junto con la actividad de búsqueda y resistencia que genera), la paz y la felicidad que constituyen la naturaleza de nuestro yo esencial resplandecen sin obstrucciones en nuestra experiencia.

Lo que buscamos de verdad no es el objeto, la sustancia, la actividad, el estado mental o la relación. Lo único que verdaderamente anhelamos es poner fin a la propia búsqueda. Solo deseamos el fin del deseo.

Decirle «sí» a todas las experiencias

Las primeras palabras que le escuché decir a Francis fueron: «La meditación es un "sí" universal a la totalidad de nuestra experiencia». Si en ese momento hubiera entendido cabalmente todo lo que eso implicaba, no me habría hecho falta ninguna instrucción adicional. Con tan solo decirle «sí» a nuestra situación actual, independientemente de cuál sea su contenido, estamos posicionándonos en y como nuestra verdadera naturaleza como conciencia y abriéndonos a sus cualidades innatas de paz y alegría, si bien es posible que al principio no nos demos cuenta de ello.

Del mismo modo que el espacio vacío de una habitación permite de manera incondicional cualquier cosa que ocurra dentro de él sin oponer ninguna resistencia, también nuestra naturaleza esencial como conciencia pura está abierta sin resistencia a toda experiencia. Solo el pensamiento se revuelve y le dice «no» a la experiencia actual.

Si ese «no» surge en aras de la seguridad o el bienestar del cuerpo, entonces es una respuesta directa y legítima a la situación actual. Sin embargo, por lo general surge en nombre de un yo ilusorio que casi todo el tiempo estamos tratando de proteger, mejorar o satisfacer. De hecho, el yo separado no es una entidad por derecho propio, sino el *sentimiento* en sí de carencia, de defensa y de lucha, junto con sus *actividades* asociadas de búsqueda y resistencia. Para contrarrestar esta resistencia, simplemente podemos tomar la decisión de decirle siempre «sí» a toda experiencia, a menos que esté en juego la seguridad y el bienestar del cuerpo.

De hecho, esta apertura universal, esta actitud de bienvenida a toda experiencia, no es algo que nuestra mente tenga que practicar, pues la naturaleza misma de la conciencia es permitir el despliegue de toda experiencia tal como es. En ausencia de esa capa intermedia de búsqueda y resistencia, nosotros, la conciencia, nos entregamos o nos alineamos de forma natural y sin esfuerzo con nuestra experiencia actual, estamos completamente abiertos a ella, pero al mismo tiempo somos libres o independientes de ella.

En el mismo momento en que nos desligamos de la totalidad como un yo o una persona separada, creamos un estado de oposición. El remedio es simple: decirle «sí» a la experiencia. Al hacerlo, en lugar de oponernos al universo nos alineamos con él momento a momento.

De hecho, ni siquiera es necesario decirle «sí» a ninguna experiencia, pues, al ser inseparables del universo, ya y siempre somos uno con él. Solo existe la totalidad indivisible de la situación, y nosotros, como individuos aparentes, no estamos en conflicto con ella, sino que participamos en ella, del mismo modo que un practicante de aikido fluye con las energías de su oponente en lugar de resistirse a ellas.

Una amiga mía que solía entrenar a una de las mejores tenistas del mundo en la categoría de menores de catorce años me contó que siempre que esta tenista cometía un error o perdía un punto, sonreía. En lugar de provocar en sí misma una actitud de «fracaso» (el ego que impide que la inspiración fluya libremente en el juego de un deportista), su sonrisa borraba el error, dejándola abierta y relajada para afrontar el siguiente punto sin que ningún residuo del pasado lo saboteara.

En otra ocasión escuché a un violinista que interpretaba las partitas para violín solo de Bach en una iglesia. En un momento crítico, en el silencio que media entre dos movimientos, el teléfono móvil de una mujer sentada en la primera fila sonó con ese tono tan familiar y persistente: tiroriro, tiroriro, tiroriroriiiiiii. Sin pensárselo dos veces, el violinista improvisó brevemente sobre el tema antes de entreverarlo con el inicio del siguiente movimiento. ¡Seguro que a Bach le hubiese encantado!

Las acciones que fluyen como expresión de la totalidad (y que son en sí mismas dicha expresión) tienden a restaurar el equilibrio y la armonía en situaciones que se han desviado de ella. Y cuando la respuesta termina, no surge ningún yo separado para reclamar la autoría de dicha acción. Como dice el *Tao Te Ching*, esa persona «actúa sin hacer nada».

Acoger nuestra experiencia actual no es algo que tengamos que *practicar*, sino que es lo que *somos*. En este sentido, esta actitud de apertura que todo lo acoge es la condición natural de nuestro yo antes de que surja el ego o yo aparentemente separado. Es nuestro estado predeterminado, por lo que no es necesario mantenerlo por medio del esfuerzo. Por eso se dice que este enfoque es una vía sin esfuerzo.

Lo único que tenemos que hacer es dejar de resistirnos a la experiencia. Nuestra apertura libre de obstáculos a la experiencia actual es lo que nos permite sentir con plenitud nuestra felicidad innata independientemente de cuál sea el contenido de la experiencia. Cuando no hay resistencia, se revela nuestro estado natural de apertura a la experiencia. La apertura es lo que *somos*, mientras que la resistencia es lo que *hacemos*.

15. La vía de la entrega

> «La vida podría ser un gozo y un disfrute sin límite
> si nos la tomásemos por lo que es,
> en la forma en que se presenta».
>
> TOLSTÓI

La llamada de regreso

Del mismo modo que la transparencia de una pantalla queda oculta cuando empieza una película, también la paz y la alegría innatas que son la naturaleza de nuestro ser se velan u oscurecen cuando nos perdemos en el contenido de la experiencia. El sufrimiento resultante es la consecuencia inevitable de olvidar o pasar por alto nuestro yo esencial.

El sufrimiento nos recuerda que tenemos que abandonar la aventura de la experiencia y regresar a nuestro ser. De hecho, quienes tienen un profundo interés por la verdad o la realidad no ven el sufrimiento como algo incorrecto, erróneo o problemático, sino que lo reciben como un recordatorio de que han permitido que su felicidad dependa de la experiencia objetiva y lo consideran como una invitación amorosa (aunque tal vez algo austera y rigurosa) para regresar a su propio ser.

Todos sentimos esa llamada a reconocer nuestra verdadera naturaleza, aunque no todos interpretamos el sufrimiento de ese modo. De hecho, la mayoría de la gente responde a la experiencia del sufrimiento intensificando su búsqueda de paz y felicidad en el ámbito de la experiencia objetiva, lo que los aleja aún más de la paz y la alegría que residen en su propio interior.

Shantananda Saraswati solía contar la historia de una discípula, una mujer llamada Kunti, que se guiaba por una única oración en la vida: «Señor, proporcióname algo de adversidad para que siempre pueda recordarte». Sabía de manera instintiva que la realización de sus deseos personales tan solo reforzaría la tendencia a buscar la felicidad en la experiencia objetiva, en lugar de encontrarla –en sus propias palabras– «en la presencia de Dios en su corazón». Por consiguiente, en su oración pedía no caer en esa tentación.

Kunti comprendió que satisfaciendo sus deseos personales tan solo estaba fortaleciendo el ego en cuyo nombre surgían. En cambio, al solicitar un poco de dificultad (es decir, al desear mitigar sus deseos) en realidad estaba pidiendo que su ego disminuyese, que es otra forma de decir que sus plegarias estaban encaminadas a rogar que la presencia de Dios se magnificase en su interior.

La experiencia de la mayoría de la gente ya es lo suficientemente dura y difícil como para que encima tengan que rogar que les echen encima más dificultades, pero la historia de Kunti ilustra la profundidad del amor por la verdad que a menudo arde en el corazón de aquellos para quienes la experiencia objetiva ha perdido, o está empezando a perder, su capacidad para ser una fuente de paz y felicidad, así como la actitud de entrega o rendición que acompaña a ese intenso amor por la verdad.

Más importante que el contenido de la plegaria es la actitud interior de apertura de la que surge. Entre nuestra vida interior y el mundo exterior existe una correspondencia tan directa que esta actitud de entrega obliga al universo a responder.

Al fin y al cabo, el universo y el individuo no son dos sistemas separados. El deseo de felicidad del individuo es en realidad su deseo de liberarse de todo lo que parece separarle de todos y de todo (o, dicho con otras palabras, su deseo de retornar a lo universal).

Sin embargo, eso se dice como una concesión a la perspectiva del individuo. En realidad el individuo solo es tal desde su propia perspectiva parcial y, en última instancia, ilusoria. Desde la perspectiva de lo universal, solo existe lo universal. El individuo es un punto de vista *de* lo universal que surge *dentro de* lo universal, no una entidad por derecho propio.

Lo que el individuo siente como su deseo de felicidad es en realidad el propio impulso del universo para restaurar el orden natural. Y puesto que ese deseo es impersonal, el universo no tiene más remedio que satisfacerlo. Incluso si en un primer momento la respuesta adopta la forma de un libro, un encuentro con un amigo, un vídeo o un encuentro casual, si se sigue con la misma intención pura de encontrar la felicidad o la verdad, tarde o temprano nos conducirá a ella.

Apertura sin resistencia

También es posible que se produzca una actitud de entrega o rendición como resultado de nuestras circunstancias, sin ningún esfuerzo por nuestra parte. En este caso, la propia intensidad del momento erradica el filtro de pensamientos y sentimientos a través del cual solemos interpretar nuestra experiencia, permitiendo así que nuestra felicidad innata resplandezca.

La mayor parte de la experiencia entra dentro de un rango de normalidad que deja intacta la actividad discursiva habitual de la mente (comentar, comparar, analizar, juzgar, evaluar, responder, etc.). Sin embargo, en los dos extremos de este espectro existe una gama de experiencias que resultan tan placenteras o tan desagradables que la mente no es capaz de acomodarlas dentro de su marco habitual de referencia. Fruto de ello, su actividad cesa.

Expresiones como «Me voló la mente», «Me sacó de mí mismo», «No supe qué decir» o «Me dejó atónito» dan fe de la capacidad que ciertas experiencias tienen para poner fin a la actividad de la mente. En el budismo, el término *nirvana*, que se usa para hacer referencia al cese de la actividad de la mente en la meditación, significa literalmente «apagado de un soplo». En esos momentos (momentos atemporales, pues en ausencia de la mente no hay tiempo), la naturaleza esencial de paz y alegría de la mente sale a la superficie.

Poco después de conocer a Francis, a mediados de los noventa, empezamos a organizar retiros guiados por él en nuestra casa en Shropshire. Una vez al año, despejábamos el establo en el que tenía mi estudio y lo convertíamos temporalmente en un espacio de retiro. En una de esas ocasiones, terminamos los trabajos de cocción en el horno justo la noche anterior a que diese comienzo el retiro. A la mañana siguiente me desperté a primera hora de la mañana con el sonido del golpeteo de piedras en la ventana de mi dormitorio y el grito angustiado de Kofi, mi asistente, que me llamaba desde el patio. El establo estaba en llamas.

Una de las vigas que había sobre el horno se había incendiado y, como el edificio tenía unos trescientos años, el fuego no tardó en propagarse. Un par de horas más tarde, Laura, la esposa de Francis, me telefoneó desde Barcelona, donde ella y Francis estaban a punto de coger un vuelo para venir al Reino Unido, justo a tiempo para el inicio del retiro esa noche.

Para entonces ya había tres camiones de bomberos luchando contra las llamas y muchos residentes locales se habían congregado en el terreno que quedaba entre la casa y el establo. Le conté a Laura lo que estaba pasando, y tras una breve pausa me respondió: «¡Vaya! ¡Qué interesante! Sé consciente del más mínimo impulso que surja en ti para cambiar cualquier aspecto de la situación en la que te encuentras ahora mismo. ¡Nos vemos pronto!».

Más tarde esa misma mañana, sentado en un pretil que había frente a la casa mientras contemplaba las humeantes brasas del techo, sentí que estaba descansando en un océano de paz. No sé si se debió a las palabras de Laura o sencillamente a que la magnitud de la situación era tal que era imposible resistirse.

Sea como fuere, no había la menor resistencia en mí. Sin haber hecho ningún esfuerzo, me encontraba completamente abierto, sin resistencia, total y espontáneamente entregado al momento presente. Eso hizo que, a pesar del caos reinante en el primer plano de mi experiencia, sintiese la paz innata de mi verdadera naturaleza en el trasfondo de la misma. Tiempo después aprendería a entrar en ese estado de forma consciente, pero en aquel momento me pareció un regalo maravilloso.

Utpaladeva, uno de los grandes sabios y poetas de la tradición del shivaísmo de Cachemira, se hizo eco de esta actitud de entrega en esta simple y hermosa plegaria suya: «Que gracias a estar inmerso en ti pueda estar libre de deseos por cualquier cosa menos por lo que es; que me llene completamente de goce y deleite sabiendo que todas las cosas y todos los seres que percibo están hechos únicamente de ti».[1]

---

1.   Christopher Wallis, *The Recognition Sutras: Illuminating a 1,000-Year-Old Spiritual Masterpiece* (Mattamayura Press, 2017).

Como expresión de nuestra verdadera naturaleza, esta oración de súplica se traduce en: «Yo, la conciencia, consciente de la plenitud de mi propio ser, estoy completamente libre de todo deseo de modificar o alterar mi experiencia actual. Estoy abierto sin preferencia ni elección a toda experiencia, por lo que la experiencia ha perdido la capacidad de privarme de mi paz y alegría innatas».

En cierta ocasión conocí a un anciano que había perdido a sus tres hijos pequeños. Era una de las personas más abiertas, alegres y afectuosas que he conocido. Aquello ocurrió al principio de su vida adulta y supuso que tuviese que enfrentarse a una difícil elección: resistirse a la experiencia, sumirse en la amargura y la desdicha y permitir que su corazón se cerrase y se hundiese en la miseria, o rendirse por completo a la experiencia y permitir que el profundo dolor de la misma le abriese de par en par el corazón. Toda su vida dependería de lo que eligiese, y optó por lo segundo.

Comprendió que no era la situación en sí la que tenía el poder de conferirle o negarle la felicidad, sino el modo en que respondiese a ella. Simplemente eligió abrirse sin resistencia a su experiencia, y gracias a eso se revelaron la paz y la felicidad que se encontraban latentes en él. De hecho, desbordaron su ser y alcanzaron a todas las personas con las que interactuaba. Su alegría y su entusiasmo eran tan contagiosos que en su presencia resultaba casi imposible seguir cerrado en uno mismo.

Sin esta compresión, tendemos a culpar a alguna otra persona, objeto o situación de nuestro sufrimiento. Al otorgarle a las circunstancias el poder de hacernos felices o infelices, nos posicionamos en contra del universo entero. Sin embargo, nuestras circunstancias actuales son el resultado de una cadena de innumerables causas que, si pudiéramos rastrearlas hasta su origen, nos retrotraerían hasta el *big bang*.

La única posibilidad que nos queda aparte de esa es abrazar nuestras circunstancias actuales, soltar toda resistencia y sintonizar o alinearnos por completo con ellas. Solo lleva un momento y entra plenamente dentro de las capacidades que todos tenemos. Por este motivo, cuando a Krishnamurti le preguntaron, ya hacia el final de su vida, si tenía una última enseñanza secreta, se limitó a responder: «Mi enseñanza secreta es esta: no me importa lo que ocurra».

Si le otorgamos a otros el poder de determinar nuestra felicidad, siempre estaremos tratando de manipular o de gestionar la experiencia con la esperanza de que se ajuste a nuestra idea de cómo debe ser para que podamos ser felices. Una vida así es una vida de lucha constante, salpicada por breves momentos de alivio en los que las circunstancias se ajustan a nuestra visión de cómo deberían desarrollarse las cosas.

Sin embargo, a medida que la situación cambie (como inevitablemente hará), esos breves momentos de tregua en los que sentimos fugazmente nuestra paz y alegría innatas quedarán eclipsados de nuevo y la lucha se reanudará. Por eso, Henry David Thoreau señaló que «la mayoría de los hombres llevan una vida de silenciosa desesperación».[2]

Incluso si en ciertas ocasiones las circunstancias parecen cooperar con nuestra búsqueda de la felicidad en ellas, sin darnos cuenta nos estaremos preparando para la desdicha futura, pues inconscientemente estaremos reforzando la creencia de que la experiencia objetiva es responsable de nuestra felicidad. Si ponemos nuestra felicidad en manos de las vicisitudes de la vida, que cambien las tornas es solo cuestión de tiempo.

2.   Henry David Thoreau, *Desobediencia civil* (1849).

La disolución de la mente

Las culturas tradicionales formalizaron el proceso de entrega o de rendición mediante el desarrollo de ritos de iniciación que a menudo consistían en prácticas terriblemente duras o pruebas de resistencia que forzaban las capacidades de los aprendices mucho más allá de sus límites normales. En respuesta al miedo a la muerte que tales prácticas provocaban, los jóvenes iniciados accedían a unas profundidades de su ser a las que jamás habían tenido que recurrir en su infancia, y que ahora presagiaban la transición a la vida adulta.

¿Y qué era la vida adulta? Pues una vida en la que las estrechas y limitadas preocupaciones del individuo se diluían en la comprensión sentida de su relación con el todo. Una vida en la que el individuo entendía y sentía que compartía su ser con todas las personas, animales y cosas, y actuaba de una manera que guardaba consistencia con esa comprensión y era expresión de la misma.

En la tradición zen, un golpe del bastón del maestro se consideraba un medio eficaz (aunque ciertamente primitivo) para lograr el mismo fin. Un *koan* (es decir, una pregunta cuyo propósito no es estimular la mente racional, sino confundirla) cumple el mismo propósito. Por ejemplo, al contemplar la pregunta «¿Qué es, pero no existe?», la incapacidad de la mente para producir ni un solo pensamiento como respuesta la deja abierta y silenciosa, y en el espacio que se crea se revela la luz de la conciencia.

Lo cierto es que todas las tradiciones religiosas y espirituales tienen su propio repertorio de medios hábiles para disolver o expandir los límites de la mente finita y revelar su esencia infinita e impersonal.

Al reconocer que el ego o el sentido de separación crece cuando se satisface su tendencia a buscar objetos, algunas de estas tradiciones tratan de reducir la actividad del mismo a través de la disciplina, la renuncia y el ascetismo. Para ello, recurrían a técnicas que pueden ir desde la moderación y el autocontrol hasta prácticas más extremas de privación.

Sin embargo, las tradiciones tántricas no solo reconocieron el deseo como una de las maneras que tiene el ego o la sensación de separación para perpetuarse y reforzarse, sino también como un medio por el cual nuestro anhelo puede regresar a su fuente. En este caso, el practicante puede surfear la ola del deseo hasta que le transporte a la orilla misma de la conciencia, donde le depositará delicadamente.

Así pues, podemos considerar que las experiencias que nos producen un placer intenso tienen la misma capacidad que las desagradables a la hora de poner fin a la actividad habitual de la mente, por lo que también pueden cultivarse como prácticas espirituales.

Dejando a un lado la delgada línea que separa la indulgencia de la trascendencia, esta tradición reconoció que cualquier experiencia puede ser un portal que nos lleve a nuestra verdadera naturaleza, con la única advertencia de que no debemos dejarnos seducir por las experiencias placenteras, pues eso nos privaría de alcanzar una felicidad plena y duradera.

Como dijo Sri Nisargadatta Maharaj: «Aumenta y amplía tus deseos hasta que sean tan ambiciosos que solo la realidad pueda satisfacerlos».[3] Es decir, no te conformes con breves momentos o periodos de felicidad. No te contentes con otra cosa que no sea la felicidad permanente, y comprende que esta clase de felicidad solo puede encontrarse en aquello que jamás desaparece.

---

3.   Sri Nisargadatta Maharaj, *Yo soy Eso* (Editorial Sanz Torres, 2011).

Rendir el yo ilusorio

A veces siento que todo lo que me ha ocurrido en la vida me ha
llevado a emprender esta indagación sobre mi propia naturaleza,
pero al mismo tiempo me da miedo. No solo lo percibo como una
amenaza para mi identidad, sino también para mi forma de vida.

En la mayoría de los casos, el interés por estos asuntos y la voluntad
de explorar nuestra experiencia de este modo suelen surgir al leer un
libro, ver un vídeo, escuchar una charla o mantener una conversación
sobre estos temas con un amigo. Sin embargo, también puede ocurrir
que nuestras circunstancias se confabulen para poner en marcha este
proceso sin que haya ningún interés por nuestra parte. En ese caso,
la pérdida repentina de nuestra identidad habitual, incluso aunque
sea de forma temporal, puede ir acompañada de un gran sentimiento
de temor.

En casos extremos, es posible que nos parezca que es como morir. ¡Y desde luego es una especie de muerte! Pero no se trata de la
muerte de nuestro ser, sino de la disolución de un yo ilusorio: una
imagen, una idea, un sentimiento. Es nuestro ser desenmarañándo-
se o distinguiéndose de los elementos de la experiencia con los que
previamente nos identificábamos: los pensamientos, los recuerdos,
nuestra historia, nuestras actividades, nuestras relaciones, etc.

En ausencia de los objetos y las experiencias familiares con los
que solemos identificarnos, esta inmersión involuntaria en nuestra
verdadera naturaleza también puede resultar muy desorientadora.
Tal vez nos asuste y queramos evitarla, prefiriendo nuestra antigua
identidad a pesar del sufrimiento que inevitablemente lleva asociada.

Sin embargo, esta clase de experiencia deja una grieta o una fisura en el sentido habitual que tenemos de nosotros mismos. Podemos tratar de ocultarla o enterrarla por miedo a lo desconocido recurriendo a estrategias que antes nos funcionaron bien, pero ya nunca volveremos a ser los mismos. Además, esas estrategias ya no resultarán tan efectivas como eran (o, al menos, parecían ser) antes.

En momentos de calma y quietud, cuando la mente está abierta y desenfocada, puede que nos perturbe el recuerdo de una presencia interior desconocida pero extrañamente familiar que nos invita a adentrarnos en una dirección inexplorada a la que, según nos parece, aún no tenemos acceso.

También es posible que la forma externa de nuestra vida (que tal vez nos haya servido bien hasta ahora) comience a desmoronarse, sin que esto conlleve ninguna intuición o revelación de nuestra verdadera naturaleza. Lo viejo se ha desplomado, pero lo nuevo aún no ha emergido. Al no tener la posibilidad de interpretar correctamente lo que nos está ocurriendo, puede que nos sintamos desahuciados y perdamos toda esperanza.

Previamente nos habría espantado la incertidumbre de esta nueva posibilidad al borde de la cual nos encontramos. Hubiésemos echado mano de lo conocido, lo familiar, lo seguro. Sin embargo, en este caso lo conocido ha perdido su credibilidad. No hay salida: el presente es insoportable y el futuro un abismo. Para algunos, esta crisis es el detonante que da inicio al viaje de regreso a lo más profundo de nuestro ser. En cambio, a otros puede conducirlos a una vida de resignación, desaliento y desesperación.

Una vez tuve un sueño mientras asistía a un retiro con Francis. Me alojaba en la casa que él y Laura tienen en el sur de California. Era la noche anterior al último día del retiro, y en mi sueño también era el último día de un retiro con Francis, solo que en una casa diferente. Era muy amplia y con muchas habitaciones, y yo buscaba por todas partes a Francis para despedirme de él.

En un determinado momento, llegué a una pequeña y oscura habitación sin ventanas ubicada en el centro de la casa. En el mismo momento en que entré por una puerta que había en una esquina de la habitación, Francis entró por otra puerta justo en la esquina opuesta. Nos encontramos en el medio y nos dimos un abrazo. Le froté la espalda con una mano (un gesto que él solía hacer al despedirse de mí) y le dije: «¡Gracias, gracias, gracias!».

Yo estaba de puntillas y, como me sentía un poco inseguro, estiré la mano tras de mí para agarrarme a un pasamanos y recuperar el equilibrio. En ese momento, una voz dentro de mí dijo claramente: «No te aferres a nada de lo que sabes». Así que me solté del pasamanos y nuestros cuerpos se disolvieron el uno en el otro. Cuando volvieron a resurgir, Francis me dijo: «Cuando hables con la gente, no olvides decirles quién es el portador de la luz».

De modo que puedes entregarte por completo a esta comprensión. No tienes por qué preocuparte del efecto que tendrá en tu vida. Lo único que perderás será tu infelicidad a nivel interno y tus conflictos en el exterior. Como ahora ya has dejado de separarte del resto de personas y objetos, lo más probable es que descubras que en lugar de (aparentemente) frustrar tus deseos, ahora el universo empieza a cooperar contigo.

Verás que tu vida se vuelve más creativa y productiva, sin que te parezca haber hecho nada en particular para lograrlo. ¡Y es que en realidad no lo has hecho! Simplemente has dejado de separarte del resto del universo y así has permitido que el universo cumpla su propósito a través de ti.

16. Refúgiate en el ahora

«El Maestro llega sin haberse ido,
ve la luz sin mirar,
logra sin hacer nada».

LAO-TSÉ

La adicción al pensamiento

La resistencia a nuestra experiencia actual puede ir desde una leve sensación de aburrimiento, expectación o carencia que apenas computa en la escala del sufrimiento, hasta una fuerte aversión. En la mayoría de los casos, nuestro sufrimiento se encuentra en algún grado intermedio entre estas dos posibilidades. Sin embargo, independientemente de lo intenso que sea, casi siempre surge en nosotros el impulso de evitarlo a través de la adquisición de objetos, sustancias, actividades, circunstancias o relaciones. A su vez, esta tendencia a evitar el sufrimiento varía en intensidad (desde la adicción a sustancias y actividades en un extremo del espectro hasta la actividad comparativamente benigna del pensamiento compulsivo en el otro). En cualquier caso, el propósito de estas actividades solo es distraernos del malestar o la incomodidad que nos produce nuestra experiencia actual.

Las drogas, el tabaco, el alcohol, comer o trabajar en exceso son algunos de los medios más comunes a los que recurrimos para este fin. El ego o yo separado incluso puede apropiarse de la práctica espiritual a fin de perpetuar la actividad de buscar y resistir que caracteriza su identidad ilusoria. Sin embargo, el medio de evasión más común es, con mucha diferencia, el pensamiento compulsivo.

Muchos de los medios más obvios y extremos con los que evitamos la incomodidad de nuestra experiencia actual son nocivos para la salud, y en algunos casos ilegales. Sin embargo, pensar excesivamente no es ni malo para la salud (al menos no abiertamente) ni ilegal, y eso lo convierte en la vía de escape predeterminada de la mayor parte de la gente.

De hecho, pensar parece algo tan inocuo que la mayoría de las personas ni siquiera son conscientes de que es una de las principales formas en que evitamos la sensación de carencia. Eso hace que no se haya diagnosticado como una de las maneras más exitosas de perpetuarlo sutilmente. Sin embargo, cuando estamos decididos a encontrar la verdadera causa de nuestro sufrimiento, nos volvemos cada vez más sensibles a los medios (más o menos sutiles) a los que recurrimos para escapar de él.

Como es lógico, existen muchas razones legítimas para pensar, entre ellas: una respuesta a la situación actual, planificar el futuro, evaluar el pasado, los esfuerzos científicos, los propósitos de investigación o celebración y la creatividad. Sin embargo, la mayor parte de nuestros pensamientos no sirven a ninguno de estos propósitos, sino que su único propósito es alejarnos de la incomodidad que nos causa nuestra experiencia actual.

Si tomamos una línea discursiva de pensamiento cualquiera y le preguntamos a dónde se dirige y por qué, muchas veces su respuesta sería: «Me aventuro en el pasado o en el futuro para evitar tener que enfrentar la incomodidad de mi situación presente».

Así, casi todo el mundo cree que para encontrar la paz y la felicidad que anhela debe rechazar su experiencia actual (que considera insuficiente) y adentrarse en el pasado o el futuro (que parecen contener la promesa de la satisfacción y la plenitud). Irónicamente, nuestro sufrimiento *comienza* justo en el momento en que escapamos de la experiencia actual hacia un futuro imaginado o un pasado recordado.

De hecho, si queremos liberarnos del sufrimiento, lo único que hemos de hacer es abandonar nuestra aventura de búsqueda de la felicidad en el pasado y el futuro y regresar a la experiencia actual. Tenemos que volver al ahora. Mientras que antes tratábamos de escapar de nuestro sufrimiento presente proyectándonos hacia un futuro que creíamos que contenía la promesa de la felicidad, ahora nos refugiamos en el momento presente, el único lugar en el que el sufrimiento no puede perdurar. De esta manera encontramos en el corazón mismo de nuestra experiencia la felicidad que antes tratábamos de encontrar evitándola.

Muchos de los pensamientos que tenemos surgen con el propósito de controlar los acontecimientos de nuestra vida, de manera que produzcan exactamente las condiciones que creemos que se requieren para poder experimentar la paz y el gozo duraderos.

Sin embargo, nuestras circunstancias actuales son el resultado de millones de años de evolución. Por ejemplo, el comportamiento de un amigo, un compañero o un colega es producto de siglos y siglos de condicionamiento. ¿Qué posibilidades hay de que estas circunstancias coincidan con nuestras expectativas y exigencias personales?

La única razón por la que ahora no nos sentimos en paz y llenos de felicidad es que las circunstancias no se ajustan a nuestra idea de cómo deberían ser las cosas. Quien entiende esto hace que sus deseos se alineen o estén en sintonía con lo que tiene, en lugar de tratar de que lo que tiene se adapte a lo que quiere.

El sufrimiento nunca nos viene impuesto desde fuera, sino que es nuestra propia actividad de búsqueda y resistencia. La felicidad no es algo que podamos adquirir, sino nuestra propia naturaleza.

Los problemas no existen

Las circunstancias nunca se manifiestan como problemáticas. Se limitan a presentarse tal y como son. Desde la perspectiva de la conciencia, hay situaciones; para el ego, hay problemas. Es nuestra resistencia la que convierte una situación en un problema, la que transforma nuestra paz innata en sufrimiento. Y el fin de esta resistencia es lo que revela la paz subyacente. Para el ego hay sufrimiento; para la conciencia hay paz.

La conciencia no trata de modificar la experiencia. Su naturaleza es dar la bienvenida a lo que surge, permitir lo que existe y dejar ir lo que se desvanece.

Y así como nada de lo que sucede dentro del espacio puede dañar o destruir al espacio en sí, tampoco nada de lo que sucede en la experiencia puede dañarnos o sobrepasarnos a nosotros. Nosotros, la conciencia, estamos abiertos a toda experiencia, permitimos que toda experiencia se despliegue sin resistencia, sin luchar ni defendernos, pese a lo cual somos indestructibles.

Esta apertura sin resistencia a toda experiencia no es algo que nosotros, como personas, debamos *practicar*, pues se trata de nuestra misma *naturaleza*, al igual que el espacio vacío de una habitación no tiene que practicar para permitir lo que sea que aparezca dentro de él. Apertura sin resistencia es lo que somos, no lo que hacemos.

La resistencia a lo que es aparece bajo la forma de un único pensamiento: «Rechazo lo que está presente. Deseo lo que no está presente». Todo el sufrimiento deriva solo de este pensamiento. En cuanto surge y se interpone entre nuestro ser y la experiencia que tenemos del mundo, nuestra felicidad innata queda velada y sobreviene el sufrimiento.

En ausencia de cualquier resistencia a la experiencia, la paz y la felicidad que son nuestra naturaleza simplemente resplandecen por sí mismas. Esta apertura sin resistencia a toda experiencia no es un *estado* de la mente, sino cómo se encuentra de forma natural cuando no hay búsqueda ni resistencia. La felicidad es la *naturaleza* de la mente, mientras que el sufrimiento es un *estado* de la mente.

La medida en que nos abramos sin reservas y de manera incondicional a la experiencia determina nuestro grado de felicidad. Nuestra verdadera naturaleza de paz y alegría siempre está presente dentro de nosotros; *es* nuestro propio ser. Es nuestra propia resistencia a la experiencia (bajo la forma de pensamientos y sentimientos) la que nos aparta del trasfondo eternamente presente de nuestra alegría innata, del mismo modo que las nubes velan u ocultan el cielo azul.

¿Qué causa que esta capa de nubes se disgregue? ¿Qué nos da acceso a este trasfondo eternamente presente de felicidad? Sencillamente nuestra apertura sin resistencia a la situación actual.

Cada momento de felicidad es una ventana en nuestra experiencia que nos permite acceder al trasfondo eternamente presente de nuestro ser esencial, cuya naturaleza es la felicidad misma.

La única razón por la que no todos sentimos esto plenamente todo el tiempo es ese pensamiento que nos dice que las circunstancias deberían ser distintas a como son ahora, que tendrían que ajustarse a la idea preconcebida que tenemos sobre ellas.

Hemos permitido que un solo pensamiento nos robe la felicidad. Ese pensamiento es lo único que se interpone entre cada uno de nosotros y la paz y la alegría innatas que moran en nuestro corazón (o, mejor dicho, que *son* nuestro corazón mismo). En todo momento somos libres de elegir la felicidad a pesar de las circunstancias, no debido a ellas.

La naturaleza de nuestro ser es la paz y la alegría mismas. Lo único que tenemos que hacer para acceder a nuestro yo (y, en consecuencia, a su paz y su felicidad innatas) es regresar a nuestro propio ser una y otra vez y permanecer como tal frente a cualquier clase de experiencia.

Cuando nos acostumbramos a conocernos y a sentirnos a nosotros mismos como la presencia de la conciencia, deja de haber problemas. O, más precisamente, deja de haber en nosotros *resistencia* a los problemas, por lo que dejamos de experimentar como un problema lo que antes percibíamos como tal. Ahora lo experimentamos simplemente como una situación que hemos de encarar con apertura y ecuanimidad, lo que maximiza la posibilidad de encontrar una solución armoniosa para todas las partes involucradas.

Situaciones a las que antes nos enfrentábamos con resistencia o reactividad emocional pasan ahora a ser bienvenidas como una oportunidad para comprender hasta qué punto hemos permitido que nuestra felicidad dependa de la experiencia objetiva. En lugar de frustrar nuestra búsqueda de la felicidad en el mundo, ahora esas situaciones cooperan con la revelación de la paz y la felicidad que es la naturaleza misma de nuestro ser.

*   *   *

Algunas situaciones me resultan tan dolorosas que no puedo estar abierto a ellas o a la persona que la ha provocado. ¿Debería limitarme a aceptar esas situaciones?

Es importante que tengamos claro si nuestra respuesta a esa situación surge en nombre de la verdad, el amor y la justicia o en nombre de un yo que se siente herido. Si se trata de lo primero, entonces es legítimo emprender cualquier acción que sea apropiada para aportar inteligencia y amor a la situación. Sin embargo, cada vez que reaccionamos de forma emocional ante una persona o una situación, dejamos traslucir que hemos permitido que nuestra felicidad dependa de ella. Así, aunque al principio no nos demos cuenta, estamos reforzando el poder que la experiencia objetiva tiene sobre nosotros y alienándonos de nuestra paz y felicidad innatas.

Incluso si nuestra reacción produce a corto plazo el resultado deseado, estamos fortaleciendo el sentimiento subyacente del que provino y, en última instancia, el ego o yo separado en cuyo nombre surgió ese sentimiento, con lo que tan solo perpetuamos la tendencia a reaccionar de la misma manera a una situación similar futura.

Al no ser conscientes de que nuestro sufrimiento es por completo nuestra propia responsabilidad, proyectamos su causa sobre la persona o la situación en cuestión. Por eso, a pesar de todos nuestros esfuerzos, nos vemos una y otra vez en las mismas situaciones problemáticas. Lo problemático no es la situación en sí, sino nuestra respuesta a la misma. En última instancia, no hay problemas, sino tan solo situaciones.

Sin embargo, hasta que no tengamos esto claro, seguirán ocurriendo situaciones aparentemente problemáticas en nuestra vida que nos provocarán y nos pondrán a prueba hasta que hayamos entendido su mensaje: que no podemos depositar en las personas y las circunstancias la expectativa o la exigencia de que sean la fuente de nuestra felicidad.

Cuando esto se entiende, dejamos de usar el mundo pensando en nuestra felicidad y empezamos a usar nuestra felicidad pensando en el mundo. Y si antes el mundo se nos aparecía bajo la forma de circunstancias que reflejaban nuestro estado interno de resistencia, ahora se vuelve a alinear con nuestra nueva actitud de apertura.

En realidad, el mundo no ha cambiado. Lo único que ha sucedido es que el filtro de búsqueda y resistencia a través del cual percibíamos el mundo y gestionábamos nuestra respuesta al mismo simplemente se ha vuelto más transparente, por lo que ahora el mundo aparece bajo una nueva luz.

Establecernos en y como nuestra verdadera naturaleza

Desde que soy consciente de la conciencia que está presente en el trasfondo de mi experiencia tengo la sensación de que voy y vengo alternativamente entre esa conciencia y los pensamientos y sentimientos que ocupan el primer plano. Esto me proporciona ciertos momentos de respiro del sufrimiento que antes solía experimentar casi de manera continua. Sin embargo, lo que anhelo de verdad es encontrar una paz duradera.

Imagina a una mujer que vive en un pequeño apartamento en una calle ruidosa de la ciudad y todos los días va y vuelve del trabajo utilizando el transporte público. Tras una semana ajetreada y agotadora, coge el coche y hace un viaje de un par de horas para ir a la casita de campo que tiene en una zona rural, donde disfruta de un fin de semana tranquilo y relajante. El domingo por la noche regresa a la ciudad y el ciclo se repite semana tras semana, yendo y viniendo alternativamente de la vida estresante de su apartamento a la paz y la tranquilidad de su casita de campo.

Un buen día se harta de esta dinámica, así que le pide permiso a su jefe para trabajar desde casa, vende el apartamento y se muda a la casa de campo. Su vida deja de fluctuar entre el estrés y la ansiedad de la vida en la ciudad y la paz y tranquilidad de la vida en el campo. Sigue trabajando y es tan productiva como siempre, pero sin abandonar la paz de su hogar.

De forma análoga, durante un tiempo nos parece que vamos una y otra vez de la agitación de nuestros pensamientos, sentimientos, sensaciones y percepciones en el primer plano de la experiencia a la presencia inherentemente pacífica e incondicional de la conciencia que se encuentra en el trasfondo.

Sin embargo, con el tiempo, nuestra verdadera naturaleza como conciencia deja de parecernos algo a lo que únicamente *accedemos* de vez en cuando, y comenzamos a entenderla y sentirla como lo que *somos*. Ser conscientemente la presencia de la conciencia se convierte en nuestra condición natural, y no tenemos que realizar ningún esfuerzo ni para volver a ella ni para mantenerla. Pasa a ser nuestra nueva identidad. Siguiendo con la analogía, nos mudamos ahí. Vivimos ahí, como eso.

La única razón por la que en un primer momento puede parecernos que descansar en y como nuestro ser requiere algún esfuerzo es el hábito (que antes nos pasaba desapercibido) de perdernos de manera casi continua y exclusiva en la experiencia objetiva e identificarnos con ella. Lo que nos parece que requiere un esfuerzo es solo el intento inicial que hacemos para contrarrestar ese hábito.

Para ilustrar esto, tomemos el ejemplo de un puño cerrado. La condición natural de la mano es estar abierta y relajada. Sin embargo, una mano que lleva un tiempo apretada se acostumbra a esta nueva postura, y si perdura parecerá convertirse en su nueva normalidad. Si queremos devolver la mano a su posición natural de apertura y relajación, al principio tendremos que aplicar un esfuerzo, pero una vez que la mano ya lleve un tiempo abierta, no será necesario que apliquemos ningún esfuerzo para mantenerla así. Simplemente ha regresado a su posición natural. De hecho, el esfuerzo de abrir la mano en realidad no fue un esfuerzo *nuevo*, sino tan solo la relajación de un esfuerzo *previo* que se había vuelto tan habitual que habíamos dejado de percibirlo como tal.

El regreso a nuestra verdadera naturaleza de paz y felicidad se produce de manera similar. Lo que en un principio puede parecernos un esfuerzo que tenemos que realizar para desenredar nuestro yo del contenido de la experiencia es en realidad la relajación de un esfuerzo anterior del que no éramos conscientes. Solo nos parece que es un esfuerzo porque nos habíamos acostumbrado a un estado casi constante de búsqueda y resistencia más o menos sutil.

Con el tiempo, a medida que nos vamos acostumbrando a descansar en y como el ser, nos hará falta menos esfuerzo, porque el hábito de perdernos en el contenido objetivo de la experiencia e identificarnos con él se habrá debilitado con la práctica, al igual que un cohete necesita menos energía para navegar por el espacio, una vez que ha escapado de la atracción gravitacional de la tierra.

Llega un momento en que percibimos y entendemos que descansar en el ser es nuestro estado natural. A medida que permanecemos más y más en nuestro ser, nuestras tendencias profundamente arraigadas van emergiendo de forma gradual a la superficie y se van disolviendo. El estado casi constante de insatisfacción que parecía habernos acompañado la mayor parte de nuestra vida nos abandona, sin que necesariamente nos demos cuenta de ello.

Llegado este punto, no hace falta más práctica. La práctica de regresar una y otra vez a nuestro ser esencial se convierte en el amor de simplemente ser. Y en ese amor de simplemente ser brillan con intensidad la paz y la alegría que constituyen nuestra auténtica naturaleza.

17. Prestar atención a las emociones dolorosas

«En las profundidades del invierno aprendía por fin
que un verano invencible latía en mi interior».

ALBERT CAMUS

Tres formas de prestar atención a las emociones dolorosas

Desde la perspectiva no-dual, ¿cuál es la mejor manera de lidiar con emociones intensas y dolorosas?

El impulso de evitar la insatisfacción que nos produce la experiencia actual puede seguir una de estas tres direcciones: (1) hacia el exterior, hacia un objeto, sustancia, actividad o relación en un intento de escapar de la incomodidad que nos causa; (2) hacia dentro del yo en cuyo nombre surge el sentimiento de carencia; o (3) hacia el propio sentimiento de carencia o insatisfacción.

Al primer enfoque podríamos llamarlo la vía de la evasión, y es la estrategia predeterminada en la mayoría de la gente. El segundo podría llamarse *la vía de la autoindagación* o de la *investigación de nuestro propio ser*. Y el tercero se podría denominar la vía de la apertura.

En la vía de la evasión, consideramos que la emoción intensa y dolorosa es insoportable y nos distraemos de ella con objetos, sustancias, actividades y relaciones. En este caso, la sensación de carencia y el ego o yo separado en cuyo nombre surge permanecen intactos, si bien la distracción los enmascara temporalmente. Sin embargo, tan pronto como el objeto, la sustancia, la actividad o la relación concluye o cambia, la sensación de carencia subyacente vuelve a aflorar.

En un intento por evitarlo, puede que volvamos a alejarnos centrándonos de nuevo en la distracción que hayamos elegido, solo que esta vez nos hará falta una dosis un poco más fuerte. De esta manera, se establece un ciclo perpetuo de carencia, evasión, satisfacción temporal e inevitable fracaso que en última instancia nos conducirá a la desesperación (y, a menudo, a la adicción).

Para ilustrar la diferencia que hay entre la segunda y la tercera estrategias (es decir, la vía de la indagación o la investigación y la vía de la apertura), imagina un combate de boxeo profesional. Cuando los dos boxeadores están a una distancia de aproximadamente un metro el uno del otro, son peligrosos y, a la vez, están en peligro. En el descanso entre asalto y asalto, cada uno se dirige a su respectiva esquina, donde está a salvo. Sin embargo, durante la pelea en sí, ninguno de los dos boxeadores se puede retirar a su esquina. ¿Qué hace entonces un boxeador si quiere tomarse un respiro de la intensidad de la pelea? Se acerca a su oponente y le envuelve con sus brazos haciéndole un *clinch* con el que consigue neutralizarle. Es decir, encuentra seguridad en la cercanía.

Pues bien, la vía de la autoindagación sería el equivalente al descanso que los boxeadores se toman entre un asalto y otro. Dicho de otro modo, en la autoindagación *aumentamos* la distancia aparente entre nuestro yo y nuestro sufrimiento, nos retiramos de la lucha con nuestras emociones, rastreamos nuestro camino de regreso a través de las distintas capas de nuestra experiencia, y finalmente descansamos en y como la presencia de la conciencia.

En realidad, la conciencia es tan absoluta e íntimamente una con toda la experiencia que no puede separarse de ninguna experiencia y permanecer a una cierta distancia de ella, del mismo modo que una pantalla tampoco puede separarse de una imagen. Pero, al mismo tiempo, la conciencia es totalmente libre e independiente del contenido de la experiencia. De modo que la analogía de los boxeadores que se retiran a sus respectivas esquinas tan solo pretende ilustrar esta separación o este distanciamiento del contenido de la experiencia y el regreso a la paz de nuestra verdadera naturaleza.

En otras palabras, en la vía de la indagación o de la investigación nos alejamos del sentimiento e investigamos el yo que sufre: «¿Quién es este "yo" en cuyo nombre surge mi sufrimiento?». En este sentido, es una vía que mira hacia dentro, un método o una técnica en la que dejamos atrás la emoción desagradable y ponemos en tela de juicio el «yo» que constituye su núcleo central, con lo que conseguimos rastrear nuestro camino de regreso a nuestro ser esencial e irreductible: la presencia de la conciencia. A menudo se inicia, al menos en las primeras etapas, con un proceso de negación o discriminación, en el que descartamos todos los aspectos de nuestra experiencia que no son esenciales en nosotros: «No soy esto, ni esto, ni esto». En la tradición occidental, esto se conoce como la *via negativa*.

Por el contrario, en la vía de la apertura giramos la atención *hacia* la emoción desagradable y la abrazamos. Esto sería el equivalente a aplicar la técnica del *clinch* durante un combate de boxeo. *Reducimos* la distancia que media entre nuestro yo y nuestro sufrimiento, nos volvemos *hacia* él, abrazamos el peligro y lo neutralizamos en nuestra presencia acogedora.

Aunque en realidad no hace falta que llevemos la atención hacia ninguna emoción angustiosa, pues bastaría con que dejásemos de alejarnos de ella. La presencia de la conciencia que esencialmente somos ya está vuelta hacia toda experiencia, ya está abierta sin resistencia a ella. Esta apertura es lo que somos, no lo que hacemos. No tenemos que practicarlo.

Sin embargo, todo el sufrimiento psicológico surge porque hemos olvidado o pasado por alto temporalmente que somos esta presencia de la conciencia sin resistencia, lo que nos lleva a considerar de forma errónea que somos un ego o yo separado. Por tanto, es legítimo sugerirle a este ego o yo aparentemente separado que se vuelva hacia el sufrimiento que, por lo general, trataría de evitar.

Es posible que al principio necesitemos un poco de arrojo y valor a la hora de enfrentarnos a la incomodidad que nos causa esa sensación de carencia de la que hemos estado huyendo durante la mayor parte de nuestra vida. Sin embargo, al enfrentar la sensación de carencia de esta manera, le estaremos negando lo único que necesita para su supervivencia: nuestra resistencia a ella.

Al dar la bienvenida a lo que antes nos resultaba inaceptable, estamos (sin que al principio seamos necesariamente conscientes de ello) reafirmando nuestra posición como la presencia de la conciencia, y es solo cuestión de tiempo que la paz y la alegría que constituyen su propia naturaleza comiencen a emerger y filtrarse en el primer plano de la experiencia.

En la vía de la apertura, profundizamos en la emoción misma y encontramos en su núcleo la paz que antes buscábamos tratando de evitarla. Es una vía en la que nos volvemos *hacia* el contenido de la experiencia. Es la vía de la entrega, del abrazo, el camino del «sí», la *vía positiva*.

Resumiendo la diferencia que existe entre estos dos enfoques, cuando decimos «(Yo) me siento solo», hay dos elementos en la experiencia: por un lado, «yo», y por otro, el sentimiento de soledad. En la vía de la autoindagación o la investigación, exploramos el «yo» e ignoramos la soledad, mientras que en la vía de la apertura abrazamos la soledad e ignoramos el «yo».

Es perfectamente legítimo explorar cualquiera de estos dos enfoques. Si se siguen hasta el final, ambos llevan a la misma conclusión: la disolución del sentido de separación y del sufrimiento que inevitablemente le acompaña, y el retorno a la paz y la felicidad que es nuestra condición natural.

Investigar el «yo»

Entiendo este enfoque a nivel teórico, pero ¿podrías poner algún ejemplo de cómo es la vía de la indagación en la práctica?

Imagina que alguien te dice: «¡Hace un día precioso!, ¿verdad?». ¿Te molestaría?

No.

Escuchas las palabras, registras su significado y se desvanecen sin dejar rastro en ti, sin que quieras aferrarte a ellas porque te parezcan agradables ni deshacerte de ellas porque te resulten desagradables. En cambio, imagina que alguien te dice algo que te parece hiriente u ofensivo. En ese caso las palabras ya no te atraviesan sin dejar rastro, sino que algo en ti se resiste a ellas, por lo que te sientes ofendido. ¿Quién está ofendido?

Yo me siento ofendido.

Háblanos de ese «yo» que se siente ofendido.

La imagen o la idea que tengo de mí mismo. Por lo general, sentiría que no tendrían que haberme dicho eso o algo por el estilo.

¿Puede estar ofendida una imagen o una idea?

No.

Entonces, ¿quién o qué es lo que se siente ofendido? Sea lo que sea, te refieres a ello como «yo». «(Yo) estoy molesto por lo que me dijo», «(Yo) me siento herido por su comportamiento». ¿Quién o qué es ese «yo» que está molesto? Así es como buscamos ese «yo». Cuando escuchas las palabras «¡Hace un día precioso!», no te aferras ni te resistes a ellas. No hay ningún «yo» que se alce para declarar «Me gusta» o «No me gusta». Las palabras simplemente flotan sin obstáculos a través de la conciencia y no dejan ningún rastro en ella. Entonces, ¿qué es lo que emerge y proclama «(Yo) estoy ofendido»? ¿La conciencia que ha escuchado esas palabras supuestamente hirientes?

No.

La conciencia es como una presencia abierta, vacía, conocedora, amplia como el espacio. Ninguna palabra –ni, para el caso, nada en absoluto– puede dañarla, mancharla, empañarla, moverla, alterarla o destruirla, de la misma manera que nada de lo que sucede dentro del espacio vacío puede dañar ni destruir al propio espacio.

Imagina que lanzas una pelota a través del espacio vacío. La pelota se limita a fluir a través del espacio hasta que encuentra alguna resistencia, por ejemplo, cuando choca contra la pared o cuando impacta en la mano de alguien que ha estirado el brazo para cogerla. Si no hay ninguna resistencia, simplemente fluye a través del espacio. Del mismo modo, si no surge ningún «yo» que diga: «Me gusta, lo quiero», o «No me gusta, no lo quiero», las palabras se limitan a fluir a través de ti sin afectarte en modo alguno.

Ahora bien, cuando alguien te dice algo supuestamente hiriente, emerge algo en ti que opone resistencia a las palabras y declara: «No me gusta». En el cuerpo, sentimos el equivalente al pensamiento «No me gusta» como una emoción de dolor o sufrimiento. ¿Qué es ese «yo» que se alza y opone resistencia a las palabras? ¿En nombre de quién surge esa oposición? Es evidente que no se trata del yo de la conciencia.

Es el «yo» que creo que soy.

Bien. Lleva tu atención a ese «yo», trata de encontrarlo. ¿Qué es exactamente? ¿Dónde está? ¿De qué está hecho? Tu sentimiento de dolor surge en su nombre, así que debes tener conocimiento de él. De hecho, la mayor parte de tu vida gira en torno a ese «yo». ¿Qué encuentras cuando diriges tu atención hacia él?

Supongo que es una historia.

No supongas. Suponer es algo que tenemos que hacer solo cuando no conocemos algo, pero tú te conoces a ti mismo más íntimamente que cualquier otra cosa. Toda tu vida gira en torno a ese «yo». Así pues, sé más específico. ¿Qué es? Es una historia, sí, pero ¿puede una historia sentirse molesta?

No.

¿En nombre de quién se cuenta esa historia? ¿Quién es su protagonista?

Pues yo.

En esta ocasión, cuando has dicho «yo», has señalado tu cuerpo, pero ¿es tu cuerpo el que está ofendido por esas palabras?

Bueno, parece que se altera. Siento tensión en el estómago y el pecho.

¿Esa tensión en el estómago o en el pecho está hecha de algo más, aparte de una leve sensación?

No.

¿Puede sentirse ofendida una sensación?

No.

La tensión en el pecho o el estómago es el *resultado* de estar molesto, es el eco del malestar en tu cuerpo, pero no el malestar en sí, ni tampoco el «yo» que se siente molesto u ofendido. Tu mejilla, nariz o tu hombro no se alteran cuando escuchas esas palabras. Así que trata de encontrar de nuevo ese «yo» que se siente ofendido o herido. ¿Qué encuentras?

No encuentro nada. Solo… supongo que solo aquello que identifico como yo, y que, de alguna manera, se ha sentido agraviado.

De acuerdo, pero ¿quién o qué es ese «yo» al que han agraviado? Ya hemos visto que tu cuerpo, un pensamiento o una imagen no son los que se sienten agraviados, ni tampoco la conciencia misma.

Entonces, es algún sentido que tengo de mí mismo.

¿Y qué es ese sentido?

No sé lo que es.

Sería bueno averiguarlo. A menos que (y hasta que) encuentres un yo que no sea el yo de la conciencia, no supongas que existe uno y, sobre todo, no te pases el resto de tu vida pensando, sintiendo, actuando y relacionándote en su nombre.

Cuando me busco a mí mismo, encuentro pensamientos, sentimientos y sensaciones, pero no encuentro un yo o una entidad real.

Sí, y entonces ¿qué pasa con tu malestar, con tu sufrimiento, cuando descubres que el yo separado en cuyo nombre han surgido no está ahí?

Supongo que simplemente desapareces.

Sí, el malestar o el sufrimiento se disipan porque no hay ningún yo, ninguna entidad separada y con existencia independiente, que pueda estar ofendida o dejar de estarlo. Cuando vemos con claridad que no existe ningún yo personal, la cuestión de enojarnos o sentirnos ofendidos sencillamente ya no se plantea.

Ahora bien, ¿qué es lo que te proporciona esa innegable sensación de ser tú mismo? ¿De dónde viene tu sentido básico de identidad?

Solo de la conciencia.

¡Sí! Háblanos de ella.

[Un largo silencio].

¡Me gusta tu respuesta! Intenta decir algo cierto sobre ti mismo, la conciencia, incluso aunque para ello tengas que hacer ciertas concesiones a los límites del lenguaje.

Es… Simplemente es… Solo soy. Y soy consciente.

Sí. Tú, la conciencia, estás presente y eres consciente. ¿Algo más?

[Un largo silencio].

¿Puedes verte alterado de algún modo?

No, siempre estoy en paz.

¿Te falta algo?

¡No! ¡La pregunta en sí parece ridícula!

¡Sí! ¿Y cuál es el nombre con el que nos referimos comúnmente a la ausencia de carencia?

¡Felicidad!

Exacto. La felicidad es tu naturaleza. No necesitas ir a ningún sitio ni hacer nada para encontrarla. Siempre está disponible en tu propio interior, como tu ser. Tu investigación sobre tu propia naturaleza te ha llevado de la felicidad que buscas a la felicidad que eres. Eso es la autoindagación en la práctica.

Abrazar el sufrimiento

¿Podrías hablarnos un poco más sobre la vía de la apertura en nuestra experiencia real y en qué se diferencia de la autoindagación?

Del mismo modo que al ojo solo le es posible ver lo que se encuentra a una cierta distancia de sí mismo, solo es posible conocer y, por tanto, nombrar algo como objeto de la experiencia cuando nos diferenciamos de él como un sujeto separado de la experiencia.

La conciencia no puede diferenciarse de ninguna experiencia y conocerla desde la distancia. Es tan absoluta e íntimamente una con la experiencia que no puede etiquetarla, ni mucho menos categoriza la como buena o mala, correcta o incorrecta, agradable o desagradable. Es un conocimiento que se produce a través de la intimidad, al contrario que el conocimiento que se da por medio de la abstracción y la conceptualización.

Es el ego o el yo aparentemente separado el que se desliga de la experiencia y la ve desde la distancia. Solo desde esta distancia aparente podemos sentir y etiquetar nuestra experiencia como miedo, ansiedad, vergüenza, dolor, etc., considerándola así como desagradable. Todo nuestro sufrimiento existe en el espacio ilusorio que hay entre el sujeto y el objeto de la experiencia, al igual que el peligro existe en el espacio que queda entre dos boxeadores cuando están a un metro de distancia el uno del otro.

En la vía de la autoindagación, *aumentamos* esa distancia, en el sentido de que exploramos el «yo» y descartamos la emoción. En la vía de la apertura, hacemos lo contrario: colapsamos la distancia aparente entre nuestro yo y la emoción aflictiva (el miedo, la ansiedad, la angustia, la culpa, el dolor, etc.). Nos volvemos hacia la experiencia de la que, por lo general, nos alejaríamos. Le damos la bienvenida a lo que normalmente rechazaríamos. Encontramos refugio abrazando nuestro sufrimiento.

Esta actitud queda ilustrada en el cuento de hadas de los hermanos Grimm *El príncipe rana*, en el que una rana se ofrece a recuperar la pelota de oro que una princesa ha perdido en un lago a cambio de su amistad. Ella acepta el trato y la rana recupera la pelota, pero la princesa olvida su parte del acuerdo.

Sin embargo, más tarde ese mismo día, mientras la princesa está cenando con su padre, el rey, la rana se presenta en el palacio real para recordárselo. De mala gana, ella le invita a pasar y le permite comer de su plato. Después, ante su gran insistencia, la princesa deja que la rana duerma en su almohada y finalmente la abraza.

Al despertar a la mañana siguiente, ¡la princesa encuentra en la cama junto a ella a un apuesto príncipe! En este cuento, cuando la princesa abrazó lo que más le desagradaba, eso se convirtió en lo que anhelaba por encima de todo.

En la vía de la apertura, consideramos y sentimos nuestro ser como la presencia abierta, vacía y sin resistencia de la conciencia, y nos volvemos hacia cualquier emoción aflictiva de la que normalmente trataríamos de alejarnos. Aunque con ciertas reservas, ¡permitimos que la rana entre en el palacio!

Al principio, esto puede evocar cierta resistencia en nosotros, por lo que es posible que nos haga falta un poco de coraje y valentía para no escapar de la emoción hacia el pensamiento, las actividades, los objetos, etc. Cuando esta primera ola de resistencia disminuye en nuestra presencia abierta, invitamos a la experiencia a acercarse más a nosotros. No nos limitamos a tolerarla o permitirla, sino que la acogemos activamente. ¡La rana está comiendo de nuestro plato!

De nuevo, podemos hacer una pausa para que esa tendencia habitual y familiar de alejarnos de nuestros sentimientos incómodos, primero quede expuesta y después neutralizada en nuestra actitud de bienvenida. Nuestra resistencia va disminuyendo, y con ella el aspecto angustioso o aflictivo de la emoción. ¡La rana está durmiendo en nuestra almohada!

Finalmente, nos acercamos tanto al sentimiento que ya no podemos diferenciarnos de él y etiquetarlo como miedo, ansiedad, vergüenza, culpa, pena, etc., ni mucho menos considerarlo desagradable.

El sujeto y el objeto (el que siente y lo sentido, el que conoce y lo conocido) se han fusionado. Al no haber ninguna entidad separada que sienta o que conozca (el sujeto de la experiencia aparentemente separado desde cuya perspectiva etiquetábamos y resistíamos el sentimiento), solo existe la experiencia cruda y desnuda en sí, el sentimiento puro. No es ni bueno ni malo, ni adecuado ni incorrecto, ni agradable ni desagradable.

Sabemos que hemos llegado a esta etapa cuando somos capaces de decirle genuinamente al sentimiento: «Eres por siempre bienvenido dentro de mí». En ese momento, el sufrimiento (es decir, nuestra resistencia a la experiencia) cesa, no porque hayamos conseguido encontrar una manera de evitarlo, sino porque hemos tenido el valor de girarnos por completo hacia él y abrazarlo. Hemos interiorizado la experiencia tan profundamente en nuestro ser que se ha disuelto en nuestra apertura. Como se dice en la tradición del shivaísmo de Cachemira, hemos «devorado nuestra emoción». ¡Hemos besado a la rana! Así es como encontramos en el corazón mismo de nuestros sentimientos más dolorosos la felicidad que antes buscábamos alejándonos de ellos. La rana se ha transformado en un apuesto príncipe.

*   *   *

La mayor parte del tiempo, mi sufrimiento es demasiado intenso como para enfrentarlo, y me doy cuenta de que hago todo lo posible por evitarlo. Ahora estoy lidiando con el final de una relación y con el hecho de que mi expareja ha empezado una nueva relación tan solo cuatro días después de que nos separásemos. Estoy atrapada en ese sufrimiento. ¿Hay algo que pueda hacer?

Cierra los ojos y, basándote únicamente en tu experiencia directa e inmediata (es decir, sin hacer referencia al pensamiento ni a los recuerdos), dinos cuál es tu experiencia actual.

Bueno, solo estoy aquí sentada.

Sin referencia al pensamiento o los recuerdos, ¿cómo sabes que estás ahí sentada? Con los ojos cerrados, lo único que hay en la experiencia de estar sentada es la sensación actual. Dinos cómo es esa sensación sin añadir ninguna interpretación que provenga de tu pasado.

Es la sensación de mi cuerpo sentado en una silla.

Con los ojos cerrados y sin hacer referencia al pensamiento o los recuerdos, ¿cómo sabes que la sensación actual es la sensación «de un cuerpo», ya no digamos de un cuerpo «sentado en una silla»? «Cuerpo», «sentado» y «silla» son conceptos basados en la memoria que se superponen a la sensación cruda y desnuda en sí, una sensación que no tiene nombre. Son los subtítulos de la película, no la película misma. De hecho, hasta etiquetarla como «sensación» es demasiado. Lo único que hay es una vibración más o menos intensa que aparece en el campo de la experiencia. Háblanos de esa vibración.

Es… [Una larga pausa]. No puedo decir nada sobre ella.

¿Te gusta o te provoca rechazo?

No es ni agradable ni desagradable. Sencillamente, es lo que es.

Ahora toma la imagen de tu exnovio con su nueva pareja, pero no hagas referencia a ningún pensamiento sobre esa imagen. Limítate a experimentar la imagen en bruto, sin comentarios añadidos. Háblanos de ella.

Es… [Una larga pausa]. Bueno, nuevamente no puedo decir nada al respecto.

¿Te gusta o te desagrada?

De nuevo, no es más que lo que es. Cualquier cosa que sienta o diga sobre ella sería un añadido a la experiencia en bruto.

¡Perfecto! ¿Hay algún sufrimiento en tu experiencia presente?

¡No!

¿Cuál es el nombre que usamos comúnmente para referirnos a esa ausencia de sufrimiento?

Paz o felicidad.

¿A dónde has tenido que ir para encontrar esta paz y esta felicidad?

No he ido a ningún sitio.

¡Exacto! No has escapado de tu experiencia actual.

No. De hecho, ¡me he quedado con ella!

¡Ese es el gran secreto! Por lo general, solemos creer que nuestro sufrimiento tiene lugar ahora y que el alivio del mismo se encuentra en el futuro o en el pasado. Sin embargo, lo cierto es que el sufrimiento empieza en el momento en que tratamos de escapar de la experiencia actual y nos dirigimos a un futuro imaginado o un pasado recordado. Si quieres librarte de tu sufrimiento (es decir, si deseas la paz y la felicidad), tan solo has de permanecer con tu experiencia actual.

En el *Satipatthana Sutta*, un texto del budismo *theravada*, aparece una práctica en la que se pide a los alumnos que se concentren en la imagen de un cadáver «hinchado, lívido y supurante»[1] y permanezcan con las sensaciones que les produce durante el tiempo que sea necesario hasta que su sentimiento de repulsión quede neutralizado en su contemplación desinteresada.

¡Visualizar a mi ex haciendo el amor con su pareja es mucho peor que imaginar un cadáver en descomposición!

Bueno, ¡entonces eres una alumna avanzada! No obstante, una alumna avanzada no tiene por qué ser necesariamente alguien que lleve mucho tiempo transitando este camino, sino quien tiene el valor, el amor y la claridad necesarios para buscar la verdad de su experiencia, sea cual sea el coste que eso tenga en su vida personal.

Pero cuando estoy tan atrapada en mis sentimientos, me olvido de que la verdad está aquí.

---

1.   Según la traducción del pali de Thanissaro Bhikkhu (2008).

Sigue recordándotelo a ti misma hasta que se vuelva natural vivir en el ahora. Casi todo el mundo vive en el pasado o en el futuro y solo visita el ahora fugazmente cuando se cumple alguno de sus deseos, en la pausa que media entre un pensamiento y el siguiente o en la paz del sueño profundo. Establece tu hogar en el ahora y visita el pasado o el futuro únicamente cuando sea necesario para fines prácticos, para celebrar algo o para indagar. Ahí reside todo lo que de verdad has anhelado siempre.

Pero no puedo dejar de pensar en mi relación pasada.

Solo podemos pensar en una cosa a la vez. Todo el peso de tu sufrimiento está contenido en un solo pensamiento. Así pues, deja de darle a ese pensamiento el poder de hacerte infeliz. En cualquier momento de sufrimiento, limítate a preguntarte a ti misma: «Sin referencia al pensamiento o los recuerdos, ¿dónde está mi sufrimiento?». Todo el sufrimiento está contenido en el espacio imaginario que separa lo que tenemos de lo que deseamos. Haz que lo que tienes coincida con lo que quieres, y de ese modo no quedará espacio para el sufrimiento.

Siento que una parte de mí cree que es necesario sufrir un poco.

¡Eres libre de hacerlo! Pero ¿por qué sientes que tienes que sufrir?

Creo que en parte se debe a la historia que me he creado: «Soy una mujer cuya relación ha terminado». Además, todos mis amigos y familiares están en esto conmigo, y su actitud es de «¡Vaya! ¡Pobrecita! ¡Lo que te ha ocurrido es realmente terrible!».

Sí, el sufrimiento está en la historia, no en la situación en sí. ¿Quién te está contando esa historia?

¡Soy yo quien me la cuento a mí misma!

Eso es, así que deja de contarte esa historia.

Siento como si fuese algo que añade la gente que me rodea. Creo que también la sociedad contribuye a esto.

No culpes a los demás de tu sufrimiento. Ninguna persona o situación te impone el sufrimiento. Tu sufrimiento es tu propia actividad, algo que generas tú misma. Todo sufrimiento es resistencia, y toda resistencia está contenida en el pensamiento «No me gusta lo que está presente. Deseo lo que no está presente». Ten el coraje y la claridad de ver esto.

Me parece muy difícil. Hay una parte de mí que lo justifica y quiere quejarse: «Bueno, no, lo que me ha hecho está mal y ha sido muy cruel por su parte». Entiendo lo que dices, pero esta otra parte también está presente. Incluso cuando solo hablo con la gente, todos me dicen cosas como: «¡Oh, Dios mío! ¡Eso tiene que ser horrible!».

Elige con cuidado con quién hablas. Busca la verdad, no que te consuelen. Solo la verdad puede liberarte. Ten la valentía y la claridad de enfrentar tu experiencia sin escapar de ella, sin darle la espalda. La pesada carga del sufrimiento que has estado llevando contigo, no solo esta última semana, sino toda tu vida, está contenida en un único pensamiento. ¿Percibes la paz y la libertad que están disponibles para ti si no haces referencia a ese único pensamiento?

Sí.

Eres como alguien que está en prisión con la puerta abierta de par en par. Solo tienes que atravesarla.

Creo que soy una sufridora profesional.

¡Pues jubílate! ¡Renuncia a ese puesto!

Sí, estoy deseando jubilarme.

¡No lo desees! ¡Presenta tu dimisión y lárgate de ahí! Ya eres libre.

18. La unidad del ser

«El reino de Dios está dentro y fuera de vosotros».

Jesús

Si tuviésemos que condensar en una sola frase todo lo que llevamos dicho hasta ahora en este libro, podría ser: «La felicidad es la conciencia de ser». Esta comprensión resume la primera verdad universal que ha dado origen a las grandes tradiciones religiosas, espirituales y filosóficas y que, cuando se ve con claridad, pone fin a la búsqueda de la felicidad.

Sin embargo, podríamos refutar esta afirmación por dos motivos: primero, que para llegar a esta comprensión tenemos que establecer una distinción entre la conciencia y el contenido de la experiencia, manteniendo así un dualismo inherente; y segundo, que esta comprensión se ocupa del individuo, pero descuida a la sociedad y al entorno en general.

Como hemos visto, la mayoría estamos tan exclusivamente identificados con nuestros pensamientos, sentimientos y sensaciones que hemos permitido que definan lo que somos. Nuestro ser parece estar teñido o coloreado por la experiencia. Por tanto, para reconocer nuestra naturaleza esencial, primero tenemos que despojar a nuestro ser de las cualidades y limitaciones que parece haber adquirido de la experiencia.

Esto implica girarnos hacia nuestro propio interior, sumergirnos en el ser excluyendo o dejando atrás la experiencia objetiva. En este proceso, al principio el ser se revela como la base o el fundamento neutral que subyace en toda experiencia. Posteriormente, esta neutralidad da paso a la paz y, con el tiempo, a la alegría. Como decía Yvan Amar, un maestro holandés de no-dualidad: «La paz es felicidad en reposo, mientras que la felicidad es paz en movimiento».

Sin embargo, no se trata de un proceso estático. En palabras de Rumi (bellamente interpretadas por Coleman Barks), la investigación de la naturaleza esencial de nuestro ser es «fluir hacia abajo y hacia abajo en círculos del ser cada vez más amplios y abarcantes».[1]

A medida que nos hundimos más y más profundamente en el ser (o, dicho desde la perspectiva del ser, a medida que el ser se va despojando gradualmente de las cualidades que parece haber adquirido de la experiencia), este se vuelve «más amplio», se deshace de sus limitaciones. Nuestro ser no es *nuestro* ser. No hay ningún «nuestro», ningún «yo» a quien pertenezca el ser. Solo hay un ser infinito, absolutamente íntimo, pero impersonal.

Poco a poco (o, a veces, de manera repentina), la neblina de las creencias que han cubierto nuestro ser se evaporan, el ser pierde sus aparentes limitaciones y comprendemos que se extiende más allá del individuo. Es una totalidad común, compartida, universal.

El ser resplandece en cada uno de nosotros como la «soy-dad»*

---

1.   Jelaluddin Rumi, «A Community of the Spirit», *Selected Poems*, traducido por Coleman Barks (Penguin Classics, 2004).

*   En el original inglés, el autor crea los términos *amness* («soy-dad»), que intenta hacer referencia a la propia cualidad de ser del sujeto, a la inmanencia del propio existir de uno mismo, e *isness* («es-idad»), que, análogamente, se refiere la propia cualidad de ser o de existir de los objetos. (*N. del T.*)

de nuestro yo, y en el mundo, como la «es-idad» de todas las cosas. Este ser infinito, absolutamente íntimo y, sin embargo, impersonal, que reconocimos primeramente en nosotros como la experiencia de la paz y la felicidad, se revela ahora como el ser del cual todas las cosas y todas las personas derivan su existencia aparentemente independiente. Este es el segundo aspecto de la comprensión no-dual: que compartimos nuestro ser con todos y con todo.

Perder el sentido de separación

Cuando tenía siete años, parece ser que le dije a mi madre que pensaba que todo era un sueño de Dios. Más de cincuenta años después, no puedo evitar pensar que no he cambiado demasiado, ¡aunque ahora me expreso en términos bastante más sofisticados!

Tiempo después, ya en la adolescencia, sentía una gran admiración por los poetas románticos, por el profundo sentimiento de reverencia que mostraban ante el espíritu omnipresente que impregna el mundo natural y, al mismo tiempo, yace en lo más profundo de su propio corazón. En particular, me parecía que la manera en que usaban las palabras tenía la capacidad de inducir en mí la misma experiencia de la que surgió su poesía. Puede que el amor que siento por la belleza y el poder del lenguaje provenga de esta etapa de mi vida.

Más o menos por la misma época, desarrollé también un gran amor por estar en la naturaleza. Muchas veces, mientras caminaba por el campo, notaba que mi mente se aquietaba espontáneamente, al tiempo que perdía la sensación de estar encerrado dentro del cuerpo. El paisaje me parecía tan íntimo como mi cuerpo, y mi cuerpo se volvía tan abierto y expansivo como el paisaje.

Sentía que me fundía en una presencia que, aunque me resultaba familiar, a la vez parecía mucho más vasta que todo lo que conocía de mí mismo. Una presencia «cuya morada es la luz de los soles crepusculares, y el océano circundante, y el aire vivo, y el cielo azul, y la mente del hombre».[2]

Muchos años más tarde, después de conocer a Francis, me fascinó descubrir que cientos de años antes la tradición tántrica del shivaísmo de Cachemira había formalizado en una práctica espiritual esta expansión del cuerpo en el espacio circundante (y la correspondiente saturación del cuerpo con ese espacio) como medio para disolver el sentido de separación.

Sea como fuere, formalizado o no, el debilitamiento de la frontera que separa a nuestro yo del resto de objetos y personas es una consecuencia natural e inevitable del reconocimiento de nuestra verdadera naturaleza.

Cuanto más profundamente investigamos la naturaleza de nuestro yo esencial, menos limitaciones vemos en él; encontramos pensamientos, sentimientos y sensaciones limitados, pero aquello que es consciente de ellos (y en cuyo seno surgen) no comparte sus límites, del mismo modo que el espacio de una habitación no comparte las cualidades limitadas de los objetos que hay dentro de él o de las paredes que parecen contenerlo.

Podemos experimentar esta liberación de nuestro yo de los confines en los que normalmente está contenido como una sensación de libertad o de expansión, y puede ir acompañada de una gran relajación de la tensión corporal y de la agitación mental.

---

2.   William Wordsworth, *Lines Composed a Few Miles above Tintern Abbey* (1798).

La sensación de expansión y la correspondiente pérdida del sentido de separación pueden darse de forma gradual, casi imperceptiblemente, durante un cierto periodo de tiempo, o bien producirse de forma repentina y espontánea.

Puede que, por ejemplo, vayamos caminando por una calle o por un sendero y, de repente, esa sensación de ser algo sólido, denso y localizado en un lugar concreto se disuelva. Entonces experimentamos el mundo como una corriente de percepciones y el cuerpo como un flujo de sensaciones que aparecen en la apertura de la conciencia. No somos un cuerpo que camina por el mundo, sino que tanto el cuerpo como el mundo fluyen a través de nosotros.

Seguimos experimentando el mundo a través del cuerpo, pero este ya no tiene capacidad para separarnos. El universo entero se convierte en nuestro cuerpo.

Una única realidad común

En una ocasión Einstein comentó: «El sentido común es un conjunto de prejuicios que ya hemos absorbido plenamente cuando llegamos a los dieciocho». A la mayoría nos han condicionado para que confiemos en la evidencia que nos proporciona el sentido común: una combinación de percepciones y pensamientos que fragmenta la unidad del ser en una multiplicidad y diversidad de objetos y «yoes» discretos, cada uno con su propia existencia aparentemente separada e individual.

Sin embargo, todos tenemos un conocimiento directo y de primera mano de la realidad subyacente del universo a través de la experiencia del amor y la belleza. En la experiencia del amor reconocemos la realidad que compartimos con todas las demás personas y con los animales, mientras que en la experiencia de la belleza reconocemos la realidad que compartimos con todos los objetos y con la naturaleza.

Imagina el espacio de mi estudio de Oxford, donde estoy escribiendo en este momento, y compáralo con el espacio en el que tú estás sentado ahora, mientras lees este libro. Parecen dos espacios separados y únicos, cada uno con su propio tamaño, forma, ubicación, etc.

Ahora imagina que tanto tú como yo retiramos todos los objetos de la habitación en la que nos encontramos, y que hasta desmantelamos las paredes dentro de las cuales parece estar contenido el espacio. ¿Qué queda de la diferencia que parecía haber entre nuestras dos habitaciones? ¿Siguen estando separadas? ¿Se han unido? ¿Estaban realmente separadas antes? ¿Había verdaderamente dos espacios para empezar?

Ahora haz el mismo experimento contigo mismo. Imagina que suprimes de tu ser todos los elementos temporales y cambiantes de tu experiencia: pensamientos, imágenes mentales, recuerdos, sentimientos, sensaciones, percepciones, actividades, relaciones, etc. ¿Qué queda de ti mismo? Solo ser sin forma y consciente.

Ahora haz el mismo experimento mental con alguien a quien quieras. Imagina que eliminas en esa persona todo lo que no sea esencial en ella. ¿Qué queda? Ser sin forma y consciente. ¿Siguen estando separados tu ser y el de la otra persona o, por el contrario, os habéis unido? ¿Alguna vez fuisteis realmente dos seres separados?

Vuestro ser común simplemente ha quedado revelado ahora que ya no está oculto o eclipsado por los elementos de vuestras respectivas experiencias. Y esa revelación de vuestro ser compartido es la experiencia del amor.

Podemos hacer el mismo experimento mental con alguien que nos desagrade o hacia quien sintamos resentimiento, ya sea alguien a quien conozcamos en persona o de quien sepamos a través de los medios de comunicación. Lo que no nos gusta es algún aspecto de su carácter condicionado, no su yo o su ser esencial.

Que alguien nos guste o no viene determinado por la relación que se establece entre un personaje y otro, entre un conjunto de condicionamientos y otro; es decir, entre los contenidos de sus respectivos pensamientos, sentimientos, actividades y relaciones. La experiencia del amor no tiene nada que ver con si nos gusta o nos desagrada el carácter de una persona. Es el reconocimiento de nuestro ser común, el ser que compartimos. Despojados de los condicionamientos que definen nuestro carácter y dictan la forma en que pensamos, sentimos, actuamos y nos relacionamos, todos somos un mismo ser indivisible.

Lo mismo puede decirse de la inmensa mayoría de las personas a las que jamás conoceremos. El contenido de mi habitación en Oxford y el de tu casa nunca interactúan entre sí, a pesar de lo cual el espacio en el que aparecen es el *mismo* espacio. Del mismo modo, aunque dos personajes nunca se encuentren, siguen compartiendo el mismo ser. Cuando nos conmueve la imagen de un niño desamparado al otro lado del mundo, estamos, sin que seamos necesariamente conscientes de ello, sintiendo su ser como propio.

Esto también explica por qué a veces cuando conocemos a alguien a quien no habíamos visto jamás sentimos que nos estamos reencontrando con un viejo amigo. En realidad, no le estamos conociendo, sino que le reconocemos. Percibimos algo familiar en esa persona y nos sentimos a gusto en su compañía. En estos casos, no necesitamos saber nada de ella como individuo para sentir que, en lo más profundo, compartimos el mismo ser.

En la experiencia del amor, nuestro ser compartido se filtra a través de la «otredad» de la (aparentemente) otra persona. El nombre y la forma del otro dejan de ocultar nuestro ser común y se vuelven transparentes a él. Sin embargo, a largo plazo, muchas relaciones terminan en conflicto porque la interacción de nuestras personalidades va tapando o eclipsando progresivamente nuestro ser compartido. Nos enamoramos de la esencia de alguien, pero tenemos que vivir con su personalidad.

En un primer momento, cuando nos conocemos, *sentimos* nuestra esencia compartida. Esa es la experiencia del amor. Solo después nos encontramos con la personalidad del otro; es decir, con las capas de condicionamientos que más adelante velarán nuestro ser compartido. La palabra *personalidad* proviene del término en latín *persona*, que significa «máscara», lo que da a entender que es un disfraz que cubre nuestro rostro real. Nuestra personalidad nos impide ver «el rostro original» de nuestra pareja, es decir, sentir nuestro ser común.

Si examinamos cualquier conflicto que pueda existir en nuestra vida, o cualquiera de los conflictos entre individuos, comunidades y naciones que vemos a nuestro alrededor, resulta trágico comprender que, en el nivel más profundo, todos se aman ya unos a otros. Es decir, que todos compartimos un mismo ser.

El amor *es* el reconocimiento de nuestro ser común. Al fin y al cabo, cuando amamos a alguien, ¿no sentimos en mayor o menor medida que todo lo que nos divide o nos separa se disuelve? En el amor, el otro no es el otro, y esto no solo es cierto en nuestras relaciones con personas, sino también con los animales.

De hecho, no *compartimos* el ser, como si el ser fuera un atributo que poseyeran los individuos. En última instancia, no hay individuos ni «yoes» separados; solo existe un ser infinito, indivisible y absolutamente íntimo, que resplandece en cada uno de nosotros como el sentido de «ser yo» o «yo soy», antes de adquirir las cualidades de la experiencia.

El amor no es una relación entre dos personas, sino el *colapso* de dicha relación. Es la disolución de todo lo que define a una persona como entidad separada e independiente y la revelación del ser que compartimos con todos los demás. Es el surgimiento de la unidad.

Como dijo Rumi: «A la postre, los amantes no se encuentran en ningún lugar, sino que están el uno en el otro todo el tiempo».[3]

El yo de todos los «yoes»

El amor es incondicional. No depende de las actitudes, las opiniones, las acciones o el comportamiento de una persona. No es más que el reconocimiento de que en el nivel más profundo compartimos el mismo ser.

No nos tiene por qué gustar todo el mundo obligatoriamente, pero sí que estamos llamados a amar a todo el mundo, a reconocer que *su* ser es *nuestro* ser, que *compartimos* un mismo ser, y a actuar y relacionarnos con ellos de una forma que sea consistente con esa comprensión. Que alguien nos *guste* o no depende de hasta qué punto estén en armonía nuestro condicionamiento y el de la otra persona, pero en el amor no hay sitio para las preferencias.

La próxima vez que un ser querido no nos trate de la forma en que

---

3.   Jelaluddin Rumi, «The Minute I Heard My First Love Story» (1246), *The Essential Rumi*, traducido por Coleman Barks (HarperOne, 2004).

nos gustaría, o nos diga algo desagradable o irrespetuoso, podemos tomar conciencia del impulso a reaccionar emocionalmente y desquitarnos en nombre de un yo herido. Si tratamos de encontrar ese yo herido, nunca lo hallaremos. Tal vez encontremos pensamientos, sentimientos y acciones que surgen en nombre de un yo herido, pero jamás al yo herido en sí.

Cuando rastreamos nuestro camino de regreso a través de las diversas capas de pensamientos y sentimientos en busca de nuestro «yo», lo único que hallamos es la presencia inherentemente pacífica e incondicionalmente plena de la conciencia. El ser, el yo real, se encuentra o se reconoce a sí mismo, el yo de todos los «yoes», el ser de todos los seres.

El impulso de reaccionar o de tomar represalias en nombre de un yo herido se disuelve en esta comprensión. Podemos agradecer al otro (si no frente a frente, al menos en nuestro corazón) por exponer en nosotros los residuos del ego, y recibir abiertamente la oportunidad de profundizar en nuestra convicción de que compartimos el mismo ser con todos los demás, independientemente de lo que digan o lo que hagan.

Cada vez que pensamos en alguien, o cada vez que hablamos o interactuamos con otra persona, antes que nada deberíamos sentir en el corazón que compartimos nuestro ser con ella, y luego permitir que esta comprensión sentida determine nuestros pensamientos, palabras y acciones.

Esta sola comprensión podría transformar las relaciones que se establecen entre individuos, familias, comunidades y naciones. Imagina cómo sería nuestra sociedad si no solo la gente en general, sino en concreto los políticos y los líderes de nuestras instituciones entendiesen este principio simple y universal y actuasen en base a él. Como dijo Jacob Boehme: «Si los hombres persiguiesen el amor y la justicia con el mismo fervor que persiguen las opiniones, no habría conflictos en la tierra».[4]

Esto no significa que perdamos la capacidad de reconocer conductas propias o ajenas que no provengan de la comprensión sentida de nuestro ser común, ni que no respondamos de forma adecuada ante tales conductas. Al contrario; nos volvemos más capaces de discernir, tanto en nosotros mismos como en los demás, aquellas actitudes y acciones que no emanan del conocimiento de nuestro ser común, y respondemos en consonancia.

Shantananda Saraswati solía contar la historia de un maestro indio que iba caminando por la selva con sus discípulos, disertando con ellos sobre nuestro ser común. En un determinado momento, un tigre salta de los arbustos y se acerca a ellos a grandes zancadas. Rápido como un rayo, el maestro da un respingo y se pone a salvo en la copa del primer árbol que encuentra.

Cuando el peligro ha pasado, sus discípulos le preguntan: «¿Cómo puede ser que usted haya sido el primero en encaramarse al árbol más cercano cuando tan solo unos momentos antes nos estaba hablando sobre el ser que compartimos con todas las personas y todos los animales?». A lo que el maestro responde: «Yo sé que comparto mi ser con el tigre, pero el tigre aún no sabe que comparte su ser conmigo, así que he actuado en consecuencia».

La respuesta a una situación que ya no viene mediada por el sentido de separación no generará conflicto ni hostilidad, lo que le da a la situación la mejor oportunidad de resolverse de un modo justo y armonioso para todas las partes.

---

4. Jacob Boehme, *Of Regeneration*: VII: 169 (1622).

Con el tiempo, a medida que los residuos del sentido de separación van desapareciendo de la mente y el corazón, va habiendo más empatía en nuestras relaciones y más compasión en nuestro comportamiento. Entonces, independientemente de en qué ámbito o circunstancia particular nos encontremos, nos convertimos en un instrumento de amor.

Mi felicidad no depende de ti

Esta comprensión tiene implicaciones profundas en todos los aspectos de nuestra vida, tal vez en ninguno más que en las relaciones íntimas. Si buscamos esa clase de amistad y cercanía con el propósito de encontrar la felicidad o el amor, estaremos imponiendo una exigencia imposible sobre nuestra futura pareja.

Ese tipo de relaciones tienen su origen en la necesidad, si bien disfrazada como amor. Si iniciamos una relación íntima con el propósito de acabar con la sensación de carencia o el sentimiento de soledad, la propia sensación de carencia que la puso en marcha seguirá estando presente en forma de semilla subyacente bajo la euforia inicial, y más adelante se manifestará en forma de conflicto.

Otorgar a otra persona el poder de hacernos felices equivale a condenarla a fracasar en esa empresa y condenarnos a nosotros mismos a la frustración. Tarde o temprano (por lo general, después de un periodo de luna de miel que puede durar desde unas pocas semanas hasta varios años), el comportamiento de nuestra pareja dejará de ajustarse a nuestras expectativas, y al no ser conscientes de que el sufrimiento resultante es enteramente nuestra propia actividad, culparemos al otro por ello.

Si esta proyección se da solo en un miembro de la pareja, existe la posibilidad de que la ausencia de reacción en su compañero desmantele la situación y les brinde a ambos la oportunidad de tener una mayor comprensión el uno del otro. Sin embargo, una de las formas más comunes con las que el ego o yo aparentemente separado se perpetúa es a través del conflicto, por lo que es poco probable que este enfoque tenga éxito, a menos que vaya acompañado de la intervención de un terapeuta. Si ambas partes ejercen esta proyección, el tablero está listo para que se desate un conflicto inevitable.

Esto no es razón para dejar de tener relaciones íntimas, sino para dejar de *buscar la felicidad* en ellas. Nuestro deseo de relacionarnos íntimamente (o, de hecho, nuestro deseo de cualquier objeto o circunstancia) debe emanar *de* la felicidad, en lugar de ser un medio a través del cual conseguirla. De ese modo, el objeto, la actividad o la relación se convierte en el medio a través del cual la paz y la alegría se comunican, se comparten y se celebran.

Esto no es una vía de renuncia, sino de comprensión y disfrute. Tampoco pretendo dar a entender que a veces puede ser legítimo abordar el comportamiento frío o injusto de nuestra pareja, así como en nosotros mismos, si queremos que la relación evolucione en sintonía con el amor y la comprensión.

Quien lleva mucho tiempo en una relación le haría un gran servicio a la misma entendiendo que su pareja nunca podrá cumplir con la exigencia de proporcionarle felicidad o amor y, en consecuencia, retirando esa expectativa.

Una de las cosas más bonitas que le podemos decir a nuestra pareja es: «Te amo, pero mi felicidad no depende de ti». Eso libera a nuestra pareja de la imposible carga de proporcionarnos amor y felicidad y le ofrece a la relación la mejor oportunidad posible de ser verdaderamente íntima y amorosa.

Liberarse de la búsqueda

Comprender que las circunstancias externas no pueden darnos ni quitarnos la paz y la felicidad es uno de los mayores descubrimientos que una persona puede hacer. Por lo general, ese descubrimiento va acompañado de una sensación de liberación y relajación profunda. Ya no necesitamos negociar constantemente con la experiencia (resistiéndonos a lo que está presente y buscando lo que no está presente) con el fin de encontrar la felicidad.

Esto no implica que nos distanciemos de la vida en modo alguno. Al contrario; simplemente dejamos de esperar que los acontecimientos y las personas nos hagan felices. Exoneramos a nuestros amigos de la exigencia imposible de que sean una fuente de amor para nosotros, e igualmente dejamos de exigir a las circunstancias que sean fuente de felicidad. Cuando somos capaces de experimentar a las personas y las circunstancias tal como son, sin esa capa de expectativas y necesidades a través de la cual antes se filtraban las interacciones que manteníamos con ellas, el universo responde de una manera que confirma su aprobación.

Esta comprensión tampoco significa que tengamos que llevar una vida de resignación pasiva o que dejemos de responder a las situaciones y de tomar las medidas adecuadas cuando sea necesario. No dejamos que abusen de nosotros o de quienes están a nuestro cuidado, no nos callamos ante las injusticias. Quien está establecido en su verdadera naturaleza y vive en armonía con el despliegue del universo no se abstiene de actuar, pero sus acciones ya no emanan de las ansiedades, los miedos y los deseos que caracterizan al ego o yo separado.

En lugar de eso, sus acciones reflejan ciertas cualidades que emanan directamente de la parte más profunda de nuestro ser, cualidades que todo el mundo comparte, pero que en la gran mayoría de los casos han quedado cubiertas, nubladas o ensombrecidas temporalmente por capas de condicionamientos. Cuando nos liberamos de las exigencias de la persona, el entusiasmo, la amabilidad, la claridad, la compasión y el sentido de la justicia innatos se convierten en el medio por el cual se expresan las verdades eternas en respuesta a las diversas circunstancias temporales.

Alguien en quien late esta comprensión puede hacer o no hacer un intento consciente de intervenir en una situación determinada. Sin embargo, su presencia y su respuesta restaurarán, en mayor o menor medida, el equilibrio y la armonía, incluso si el efecto de su intervención no es evidente de inmediato debido a otros elementos presentes en la situación que escapan a su control.

Si nuestra respuesta proviene de la armonía con la situación, en lugar de emanar de la oposición a ella, nos alineamos con la totalidad y nuestra acción solo puede ser beneficiosa. Dicha acción siempre contribuirá al desarrollo del amor y la comprensión en la humanidad. Por eso Ramana Maharshi dijo que «la realización del Ser es la mayor ayuda que se le puede brindar a la humanidad».[5]

---

5.   *Talks with Ramana Maharshi: On Realizing Abiding Peace and Happiness*, 2ª ed. (Inner Directions Foundation, 2010).

19. El espíritu omnipresente

«He creado la percepción en ti solamente
para que seas el objeto de mi percepción».

IBN 'ARABI

Nuestro ser común

A medida que exploramos la naturaleza de nuestro ser, este empieza a perder las cualidades limitadas que adopta de la experiencia. Abandona la turbulencia de los pensamientos, la cualidad aflictiva de las emociones, la solidez de las sensaciones, y se revela como paz y felicidad.

Según se va despojando de sus limitaciones, se «expande», se vuelve más abierto, menos limitado. Empezamos a sentir que compartimos nuestro ser con todas las demás personas y animales. Nos volvemos más sensibles, empáticos y compasivos. Su naturaleza de amor se revela.

Pero ¿por qué detenernos ahí? ¿Por qué trazar un límite que englobe a todos los seres sintientes? A fin de cuentas, todo lo que es, *existe*. En este sentido, la existencia es el aspecto común en *todo*, ya se trate de una persona, un planeta, una montaña, un cuerpo, un pensamiento, un átomo, etc.

El término *existencia* proviene de dos palabras latinas, *ex*, que significa «desde» o «a partir de», y *sistere*, que significa «destacar», lo que quiere decir que algo que existe, se *distingue* o *destaca*. Pero ¿de qué o a partir de qué destaca? Destaca del ser.

El ser es el trasfondo común desde el que todo emerge, en el que todo existe y en el que todo se desvanece. Como tal, es aquello de lo que todas las personas y todas las cosas tomamos prestada nuestra existencia aparentemente independiente, del mismo modo que todos los personajes y objetos de una película toman prestada su realidad, relativamente hablando, de la pantalla.

Sin embargo, así como ningún personaje u objeto que aparezca en la pantalla destaca o se distingue realmente de ella con una existencia propia e independiente, sino que solo parece hacerlo, tampoco ninguna persona ni ninguna cosa se distingue o destaca en realidad con existencia propia del trasfondo del ser infinito.

No somos *partes* del ser infinito, ni tampoco *emergemos* de él como entidades separadas con existencia independiente. Cuando en una película vemos una multitud de diez mil personas, esas personas no dividen la pantalla en partes separadas, ni tampoco emergen de ella. La pantalla sigue siendo un todo único, homogéneo e indiviso. La unidad indivisible de la pantalla *aparece* como una multiplicidad y diversidad de personas.

Del mismo modo, en realidad ninguna persona o cosa emerge del ser infinito con una existencia propia, discreta e independiente, ni tampoco la apariencia de ninguna persona o cosa divide al ser infinito en partes separadas e individuales. No hay partes separadas.

En última instancia, no hay personas ni objetos individuales que existan de forma independiente. Lo finito no tiene cabida en lo infinito. La unidad del ser asume la forma de la multiplicidad y la diversidad sin convertirse jamás en nada distinto de ella misma.

Para quien entiende esto, el mundo es evidencia de la naturaleza infinita de la realidad, pues ve un mundo que resplandece con su propia realidad. En cambio, para quien carece de esta comprensión, ese mismo mundo parece evidenciar la experiencia discreta e independiente de las personas y las cosas. Es una confirmación aparente del paradigma de la separación. El mundo se muestra en consonancia con el punto de vista con el que lo percibamos.

La revelación de la belleza

Nuestra realidad común no se limita a las personas y los animales. Cuando nos estremecemos al contemplar la naturaleza, cuando nos cautiva una pieza musical, cuando nos conmueve la visión de un objeto o disfrutamos de una deliciosa comida, la distinción entre nuestro yo y el objeto se disuelve. Experimentamos la realidad que compartimos con ese objeto, ¡y esa es la experiencia de la belleza!

La experiencia de la belleza es una intervención de la realidad en nuestro modo habitual de percepción (es decir, la relación sujeto-objeto). Es la depuración de las «puertas de la percepción» de las que hablaba William Blake.[1] Es la visión de «una sola Vida dentro y fuera de nosotros» a la que se refiere el poeta Samuel Coleridge.[2] La naturaleza esencial de nuestro ser y la realidad del objeto pierden la línea divisoria que parece definir a cada uno como una entidad

---

1.   «Si las puertas de la percepción quedaran depuradas, todo se habría de mostrar al hombre tal cual es: infinito», William Blake, *El matrimonio del cielo y el infierno* (*c*. 1790).
2.   Samuel Taylor Coleridge, *The Eolian Harp* (1828).

separada y discreta por derecho propio. ¿Y de qué estaba hecha esa línea divisoria? ¡De pensamiento!

En la experiencia de la belleza, el nombre y la forma del objeto dejan de ocultar nuestro ser común, se vuelven transparentes a él. El ser resplandece en ellos. Cuando experimentamos la belleza, estamos «saboreando» la realidad que compartimos con el objeto. O, más exactamente, el ser infinito, despojado de sus limitaciones, se está «degustando» a sí mismo, es consciente de sí mismo. Esa experiencia es atemporal (es decir, tiene lugar en la eternidad), porque en ausencia de pensamiento no hay ningún sentido del tiempo.

La experiencia de la belleza es a los objetos y la naturaleza lo que la experiencia del amor es a las personas y los animales: es la disolución de la relación sujeto-objeto a través de la cual se filtra normalmente nuestra experiencia de la realidad, junto con la revelación simultánea de nuestro ser común. Lo bello nunca es el objeto en sí. Lo que denominamos «objeto bello» es en realidad algo que posee una cualidad particular que provoca el colapso de la relación sujeto-objeto, revelando así su unidad previa con el perceptor. En la experiencia de la belleza, nuestro ser común se filtra a través de la «objetividad» del objeto aparente, al igual que en la experiencia del amor nuestro ser común resplandece a través de la «otredad» del otro aparente.

La palabra *revelación* proviene del latín *revelare*, que significa «dejar al descubierto». En este sentido, la experiencia del amor o de la belleza no es una experiencia nueva o extraordinaria que suceda de vez en cuando, sino la *revelación* o el *dejar al descubierto* la naturaleza de la realidad. Es el reconocimiento de que solo existe una única totalidad o realidad infinita e indivisible cuya naturaleza es el espíritu, la conciencia o el ser a partir del cual todas las personas, animales y cosas derivan su existencia aparentemente separada e independiente. Es la revelación de la unidad previa que todas las cosas y todas las personas compartimos.

Si la comprensión de que compartimos un ser común con los demás es la fuente de la sanación de todos los conflictos que se establecen entre individuos, familias, comunidades y naciones, entonces la comprensión de que compartimos un ser común con todas las cosas ha de ser la fuente de la restauración de nuestra relación con la naturaleza, con el medioambiente.

Esta es la visión del mundo que los poetas y los artistas intentan restaurar. El arte es a la percepción lo que la filosofía es al pensamiento. Los poetas nos ofrecen una ventana a través de la cual asomarnos a este mundo, mientras que los artistas ponen a nuestro alcance una visión del mismo. Se cuenta que el pintor inglés J. M. W. Turner regresaba a casa después de haber pasado el día pintando en Hampstead Heath, en el norte de Londres, cuando un vecino del lugar le detuvo y le pidió ver el cuadro que había pintado. El hombre dedicó unos momentos a examinar la imagen y después comentó: «Llevo cuarenta años viviendo aquí y paseo por Hampstead Heath casi a diario, pero jamás había visto un paisaje como este». A lo que Turner le respondió: «No, pero ¿no le gustaría poder verlo?». El mundo no es *lo que* vemos, sino *cómo* vemos.

Estamos tan acostumbrados a percibir la realidad a través del filtro de nuestra mente (la única manera que tenemos de experimentar algo) que creemos y sentimos que la fragmentación y la separación que vemos en el mundo son cualidades reales *del* mundo. La naturaleza de la mente es tan íntima y participa de tal modo en el mundo que hace que este se ajuste aparentemente a lo que creemos sobre él. No pensamos en el mundo porque exista, sino que nos parece que existe (como una multiplicidad y diversidad de objetos y «yoes» discretos e independientes) porque así es como lo concebimos, como pensamos en él.

William Blake imagina una conversación en la que trata de explicar a un amigo suyo materialista la idea de que no existen objetos o «yoes» discretos e independientes, sino una realidad única, eterna, infinita e indivisible. «Cuando sale el sol –le pregunta su amigo–, ¿no ves un disco redondo de fuego parecido a una guinea?». «Oh, no, no –responde Blake–. Veo una innumerable compañía de huestes celestiales cantando: "¡Santo, santo, santo es el Señor Dios Todopoderoso!"».[3]

Los objetos nacen, no se hacen

En 1975, cuando tenía quince años, viví una experiencia que cambiaría el rumbo de mi vida. Michael Cardew, uno de los padres fundadores del movimiento británico de cerámica de estudio, realizaba una exposición retrospectiva en el Camden Arts Centre de Londres para celebrar su setenta y cinco cumpleaños. Conocí a Michael a través de su esposa Mariel, quien, al igual que yo, también asistía a la Sociedad de Estudio de la Colet House (donde yo acababa de entrar en contacto con la comprensión no-dual), de modo que visité la exposición por sugerencia de ella.

Las vasijas de Michael eran crudas, enérgicas y poderosas. Más que objetos físicos, me parecían breves momentos de música condensada. Sentía como si se tratase de fluidos, detenidos solo por el acto de la percepción, como si mis sentidos estuviesen captando las

---

3.   «A Vision of the Last Judgment» (*c.* 1810), *Selected Poems from William Blake*, editado por P. H. Butter (Everyman, 1982).

energías del universo y les confirieran una forma estática y temporal. Sin embargo, no los observaba desde un punto fijo, sino que yo mismo era también parte de ese flujo indivisible de energías a partir del cual el observador y lo observado se condensan en una relación recíproca en la que uno sostiene al otro.

En ese momento no podía imaginar que esta confrontación iba a poner fin a mi incipiente deseo de estudiar medicina ni que, cinco años más tarde, pasaría los dos últimos años de la vida de Michael viviendo y trabajando con él en el taller de cerámica que tenía en Cornualles. Basta con decir que cuando salí de la exposición solo tenía un deseo en mente: «Quiero aprender a hacer vasijas como esas».

Por aquel entonces no tenía forma de saber que esta clase de objetos «nacen, no se hacen». Más que un estudio, el taller de cerámica de Michael era un laboratorio en el que se dominaban y se condensaban las energías de la naturaleza. Aquí uno no hacía cosas, sino que participaba en su eclosión. Y si en algún momento lo olvidábamos, podíamos estar seguros de que la ira de Michael restablecería el equilibrio.

En una de esas ocasiones, cuando ya llevaba unos seis meses en Wenford Bridge, había estado haciendo vasijas todo el día y empezaba a sentir que estaba adquiriendo cierto dominio sobre el medio. Michael entró por uno de los extremos del taller y se fue abriendo paso lentamente a través de la sala larga y estrecha que antes había sido utilizada como bolera y constituía un anexo de la antigua posada que él y Mariel habían convertido en su hogar y en taller de cerámica. Michael estuvo inspeccionando los estantes con las vasijas durante un periodo de tiempo alarmantemente largo. Después se volvió hacia mí y, lanzándome una mirada fulminante, exclamó: «¡Aún te queda mucho para hacer tuya esa forma!». Y, sin más discusión, se fue.

Fue la primera vez que experimenté el poder restaurador de la ira impersonal. Esos arrebatos eran habituales en Michael, y nunca nos daba ninguna explicación. Se esperaba de nosotros que nos tragásemos la medicina e hiciésemos los ajustes necesarios. Fue así como, poco a poco, fui entendiendo que hacer una buena pieza de cerámica implicaba una especie de sacrificio. ¡Qué ingenuo había sido por mi parte imaginar que el precio de la belleza iba a ser algo menos que uno mismo!

Tiempo después, siempre que visitaba alguna ciudad extranjera me pasaba horas y horas en la sección de cerámica del museo nacional o arqueológico de esa localidad. Contemplando las vasijas, a menudo tenía la sensación de experimentarlas desde dentro, como si supiera lo que era ser ese objeto. Sentía su cuerpo como si fuese el mío. No hay duda de que, en parte, esta capacidad se debía a una afinidad natural, pero también se había refinado a lo largo de los muchos años que había pasado creando esa clase de objetos.

Era como si mi propia comprensión de los materiales y los procesos que concurren en la elaboración de una vasija me hubiese permitido acceder a la vida interior del objeto que estaba contemplando. Con los años, me fui dando cuenta de que esta capacidad se extendía más allá del ámbito que yo había elegido, la cerámica, y que, en mayor o menor medida, abarcaba también otras formas de arte como la pintura, la música, la escultura, la arquitectura o la danza.

El filósofo griego Plotino se refirió a esto cuando dijo: «En este estado de contemplación absorta, ya no se trata de mantener la vista sobre un objeto, sino que la visión es tal que el ver y lo visto son uno. El objeto y el acto de la visión se vuelven idénticos».[4]

---

4. Plotino, *Las Enéadas* v, 1-8.

El filósofo alemán Arthur Schopenhauer también se refirió a la misma experiencia con estas palabras: «El placer estético que produce la belleza consiste en buena parte en que, al entrar en el estado de pura contemplación, trascendemos momentáneamente toda volición, todo deseo e interés. Estamos, por así decirlo, liberados de nosotros mismos».[5]

El sabor de la eternidad de la naturaleza

Todos experimentamos este colapso de la relación sujeto-objeto muchas veces a lo largo de nuestra vida, aunque no siempre lo reconocemos como tal. De hecho, cuando perseguimos una experiencia, nunca lo hacemos por la experiencia misma, sino por su capacidad para poner fin a la relación sujeto-objeto y al inevitable sentido de separación que le acompaña, proporcionándonos así un primer vislumbre de la unidad del ser.

En la intimidad sexual, todas nuestras energías dispersas se concentran en la intensidad del momento, lo que suspende el proceso de pensamiento que habitualmente divide la intimidad de la experiencia en una relación sujeto-objeto (a través de la cual el yo aparentemente separado escapa del ahora). Solo existe el momento, sin yo, sin otro, sin cuerpo ni mundo, sin amante ni amado. Y, en realidad, ni siquiera el momento, pues sin referencia al pensamiento no hay experiencia del tiempo. Somos trasportados a la eternidad.

Al yo aparentemente separado le parece que este colapso de

---

5.   Arthur Schopenhauer, *El mundo como voluntad y representación*, vol. 1, sec. 68 (1819).

la distinción entre sí mismo y el otro es la muerte. Pero, como es natural, una ilusión no puede morir. Simplemente, deja de velar su realidad. Pero el ego no lo sabe, de modo que lo que él experimenta como muerte es en verdad el resplandor de nuestro ser común, la experiencia del amor. Por eso el amor y la muerte están tan íntimamente relacionados en el arte y la literatura.

Por este motivo, la poeta Kathleen Raine escribió, en su poema «Woman to Lover»: «Yo soy la forma de morir».[6] El yo separado está muy lejos de comprender que lo único que busca en todos sus deseos (y quizá especialmente en su deseo de intimidad sexual) es acabar consigo mismo, como la polilla que anhela unirse a la llama.

Cuando el yo separado se reconstituye después de haberse disuelto en la eternidad, emerge «arrastrando jirones de gloria»,[7] refulgiendo aún con la paz y la alegría, que, al menos hasta que se desvanezcan, transmitirá a todas las personas y todos los objetos con los que entre en contacto. Es la experiencia a la que se refirió el escritor W.B. Yeats al decir: «Sentí que estaba bendecido y que podía bendecir».[8]

A mucha gente le gusta caminar por el campo porque, en la naturaleza, en ausencia de cualquier sentido de separación, acceden a su ser común, que es anterior al surgimiento del ego. Por el mismo motivo, a muchas personas les encanta vivir con animales, pues ellos ejemplifican a la perfección la cualidad de simplemente ser y, sin palabras, despiertan en nosotros el mismo ser a través de la resonancia empática.

Para otros, la comida puede ser un portal que los lleve a su verda-

---

6.   Kathleen Raine, *Collected Poems*, Counterpoint Press (2001).
7.   William Wordsworth, «Intimations of Immortality from Recollections of Early Childhood», *Poems, in Two Volumes* (1801).
8.   W. B. Yeats, «Vacilación», verso IV.

dera naturaleza, aunque lo más habitual es que no lo reconozcan como tal (sobre todo porque el ego suele apropiarse de ella para saciar su voraz sensación de carencia). No nos damos cuenta de que, cuando saboreamos un plato delicioso o degustamos un buen vino, nos estamos degustando literalmente a nosotros mismos. Rainer Maria Rilke ilustra en sus *Sonetos a Orfeo* cómo el simple sabor de una manzana tiene el poder de despojar a la realidad de las limitaciones que le confiere la mente, revelando así su naturaleza como pura belleza.

> ¿Qué milagro está ocurriendo en tu boca?
> Donde no había sino palabras, fluyen hallazgos,
> lenta y sabrosamente emancipados de la carne madura.
>
> Atreveos a decir a qué llamáis *manzana*.
> Ese dulzor que se siente espeso, oscuro, denso al principio
> y que luego se eleva exquisitamente en el paladar
> y se condensa para hacerse claro, despierto, transparente,
> ambiguo, solar, terreno, real.
>
> ¡Oh, experiencia, contacto, dicha inagotable!

En muchas culturas antiguas, la experiencia estética se consideraba sagrada. Preparar y tomar el té, caminar por la naturaleza, tocar un instrumento musical, compartir una comida, criar a los hijos, construir un hogar... En realidad, cualquier momento de experiencia encarnada se consideraba una oportunidad (incluso una invitación) para fundirse con lo divino.

En nuestra cultura, tal vez pongamos flores en casa, coloquemos un cuadro en la pared, un frasco en un estante, un cuenco en la mesa… Al hacerlo, reconocemos intuitivamente el poder que ciertos objetos tienen para silenciar la mente, para invitarla a alejarse de sus patrones discursivos habituales e introducir una pausa en la que pueda revelarse su trasfondo. Cuando echamos un rápido vistazo a esa foto de un ser querido que descansa sobre la repisa de la chimenea, su visión nos transporta primero a la persona, y luego al amor que compartimos. Nuestro ser común resplandece.

*   *   *

Para muchos, la experiencia sensorial es el principal portal a través del cual pueden apreciar brevemente su felicidad innata. Como observó William Blake, los cinco sentidos son «las principales vías de entrada del Alma en esta era».[9] Es decir, la percepción sensorial es el medio por el cual la mente abandona fugazmente su aventura en el tiempo y regresa a la inmediatez del ahora. Sin el filtro de los pensamientos y los sentimientos que caracteriza a nuestra experiencia habitual, la distancia entre nuestro yo y nuestra experiencia actual se desvanece, lo que permite que resplandezca la dicha que constituye la naturaleza misma de nuestro ser.

Cuando experimentamos dicha o alegría, nosotros, la conciencia, saboreamos la felicidad innata de nuestro propio ser. Esta comprensión aparece encubierta en el lenguaje común en frases como «Me lo pasé muy bien en la fiesta de anoche».* El objeto, el acontecimiento

---

9.   William Blake, *El matrimonio del cielo y el infierno* (*c*. 1790).
*   *I enjoyed myself at the party last night* en el original inglés, que de forma literal podría traducirse como «Disfruté de mí mismo (de mi ser) en la fiesta de anoche». (*N. del T.*)

o la persona en cuestión no fue más que el contexto que invitaba, cortejaba y revelaba esta alegría. No fue la fiesta lo que disfrutamos, sino nuestro yo, nuestro ser. Es decir, fue nuestro yo el que disfrutaba de sí mismo. La conciencia estaba degustando o conociendo su propio ser. El contexto de la fiesta supuso una concentración de los sentidos en el umbral de lo divino.

El arte es una formalización de este proceso. Su fin último es facilitar el acceso a la dimensión sagrada de la vida, pero no por medio de la renuncia o la ascesis, sino a través de las energías mismas de la vida. Como observó el escritor D.H. Lawrence: «El arte es una forma de conciencia supremamente delicada…, lo que significa unidad, el estado de ser uno con el objeto».[10]

Hasta donde yo sé, en estas frases del pintor Paul Cézanne es donde con mayor claridad se expresa esta comprensión: «Todo se desvanece, todo se desmorona, ¿verdad? La naturaleza siempre es la misma, pero nada de lo que en ella aparece ante nosotros perdura. Nuestro arte no solo debe mostrar sus elementos, la apariencia de todos sus cambios, sino que también ha de comunicar la emoción de su permanencia. Debe proporcionarnos el sabor de su Eternidad».[11]

Lo único que conocemos del mundo son percepciones, y las percepciones son intermitentes, se desmoronan, se desvanecen. Y, sin embargo, a pesar de que lo único que conocemos sobre el universo cambia constantemente, reconocemos que hay algo en él que persiste a través de todos esos cambios, algo más grande que nosotros

---

10. D. H. Lawrence, «Making Pictures», *The Creative Process: A Symposium*, Brewster Ghiselin Ed. (University of California Press, 1985).

11. J. Gasquet, *Cézanne* (1926), tal como aparece traducido en John Rewald, «Catalogue», Cézanne: The Late Work (1977).

mismos como personas y que está más allá de los límites de la mente finita a través de la cual lo percibimos. Al mismo tiempo, nos damos cuenta de que también nosotros emanamos del universo y que, independientemente de las limitaciones que nuestra mente finita le imponga, su esencia es la misma que la nuestra.

Esta intuición de la naturaleza ilimitada de nuestro ser y su interconexión con todas las cosas va siempre acompañada de una sensación de dicha o alegría, «la emoción de su permanencia». Restaura nuestra inocencia y libertad originales. Según Cézanne, el propósito del arte es utilizar los elementos cambiantes de la experiencia (imágenes en su caso, sonidos en el caso de los músicos, sabores para los cocineros, texturas para los escultores, palabras para los escritores y poetas, etc.) y combinarlos de tal modo que nos transporten, no a nivel intelectual, sino de manera experiencial, a esa realidad eternamente presente. Hacen que podamos probar el sabor de la eternidad de la naturaleza.

Restaurar lo sagrado

Hay muchas otras ocasiones en las que, en el curso natural de nuestra vida cotidiana, se abre una ventana en el flujo de la experiencia que permite que las cualidades inherentes de nuestra verdadera naturaleza se infiltren en la situación, infundiéndole de ese modo su inteligencia innata. Muchas personas dan testimonio de que la experiencia del duelo suele ir acompañada de un sentimiento de alegría serena. En estos casos, la inmensidad de la pérdida pone fin a su vida tal como la conocían hasta entonces. El filtro de pensamientos y sentimientos a través del cual destilamos habitualmente la experiencia colapsa, y en ese momento su verdadera naturaleza sale a relucir.

En otros casos, puede ocurrir que el primer vislumbre que alguien tiene de su verdadera naturaleza venga precedido por un periodo de gran amargura o frustración. En la desesperanza resultante, todas las posibilidades futuras caen, no queda ningún lugar a donde ir y el individuo es devuelto a la santidad del ahora. Esa clase de experiencias ponen fin a la actividad del ego (que siempre tiene como objeto la felicidad futura) y así nos brindan la oportunidad de sumergirnos en la dimensión vertical de nuestro ser. Sin embargo, debido a la falta de una orientación adecuada, a menudo pasamos por alto este tipo de invitaciones, por lo que no hacen más que agravar nuestro sufrimiento.

Para otros puede ser una enfermedad, una relación fallida, la pérdida de seguridad económica, el advenimiento de la vejez o la inminencia de la muerte. A diferencia de las circunstancias normales (en las que la persona suele sentir que puede intervenir para realizar los cambios que crea necesarios en aras de su felicidad), estas experiencias, en las que la intensidad de los sentimientos es tal que nos vemos impotentes ante la situación, eclipsan cualquier posibilidad de negociación.

En la entrega espontánea que resulta, nos descubrimos abiertos sin resistencia a nuestra experiencia actual. La capa de psicología personal, formada casi por completo de resistencia, aferramiento y búsqueda y que constituye la actividad del ego o yo separado, se ha disuelto. Como ya no somos capaces de concitar las fuerzas necesarias para resistirnos, vemos que somos uno con la experiencia, lo que permite que nuestra paz innata emerja del fondo y salga a la superficie.

Naturalmente, esa paz siempre estuvo presente en nosotros en todo momento, pero estaba velada, no por el dolor, la desesperación o la pérdida, sino por la propia actividad de resistir, aferrarse y buscar.

Esta es la alegría serena que puede surgir incluso cuando estamos sumidos en el más profundo sufrimiento. En la tradición vedántica se la conoce como *ananda*, y la tradición cristiana se refiere a ella como «la paz que sobrepasa el entendimiento». Una paz que es previa al contenido de la experiencia e independiente de él.

En una emergencia, a veces la situación requiere tanto de nosotros que no tenemos tiempo para referirnos a los procesos de pensamiento con los que normalmente responderíamos a una situación así. En consecuencia, nuestra respuesta a la situación no está mediada o filtrada por una capa de condicionamientos pasados. Surge de forma espontánea, como respuesta directa al momento. Esto le permite al individuo acceder a una fuente de fortaleza que yace por debajo de sus pensamientos y sentimientos condicionados (en el mismo corazón de su ser) y que explica los actos de valentía y compasión que suelen realizarse en estos casos, y que a menudo van mucho más allá de las capacidades normales de una persona.

Una vez que la emergencia ya ha pasado, la gente suele elogiar a quien ha actuado de ese modo. Sin embargo, el individuo en sí no tiene la sensación de haber hecho nada especial; sabe de manera intuitiva que sus actos no provinieron de él mismo como persona, sino de una fuente más profunda e impersonal que habita en su interior, por lo que no reclaman su autoría.

El miedo intenso es otra experiencia que nos transporta abruptamente al ahora, así que también este sentimiento puede ser un portal natural que nos conduzca a nuestra verdadera naturaleza.

En una cultura en la que la actividad egoica de búsqueda y resistencia (junto con el sufrimiento y los conflictos que inevitablemente la acompañan) dominan tan por completo a los individuos y a las instituciones, la posibilidad de encontrar un medio por el cual poder acceder a la conciencia que subyace tras la mente (y así trascender el ego) sigue siendo relativamente rara. Sin embargo, esa situación está empezando a cambiar. En todo caso, en ausencia de medios que nos guíen y nos orienten, la inteligencia innata que constituye la esencia de nuestra mente encontrará su propio modo de hacer sentir su presencia.

En una persona puede manifestarse como el anhelo de encontrar la felicidad o el amor; en un devoto, como el anhelo de Dios; en un científico, como el deseo de comprender las cosas; en un artista, como el amor por la belleza. O puede encontrar formas más extremas de infiltrarse en nuestra experiencia. Cuando un joven se lanza desde una gran altura sin más protección que una cuerda elástica atada a los pies, está sometiéndose (probablemente sin ser consciente de ello) a un rito de iniciación autoimpuesto en el que hace frente al miedo a la muerte y lo supera. Al lanzarse a una experiencia que, debido a su gran intensidad, le transporta a la inmediatez del ahora, se desprende de las limitaciones del tiempo (los recuerdos, los miedos, la ira, las amarguras, el resentimiento, la esperanza, etc.) y saborea su libertad innata.

Otros pueden pasarse años y años entrenando en un deporte concreto, poniendo siempre a prueba los límites de su resistencia y sus capacidades, a fin de expandirse más allá de los límites que de forma intuitiva saben que no los definen. Expandirnos más allá de nuestras limitaciones es como una especie de muerte para quien se identifica con ellas, mientras que para otros es un renacimiento. Despojados de las restricciones que el pensamiento impone en nuestro ser, nos descubrimos en «la zona», siendo uno con el flujo del universo, capaces de funcionar a un nivel que va mucho más allá de nuestras capacidades normales.

Otros pueden maravillarse con lo que parecen ser logros sobrehumanos. Y es que en verdad son sobrehumanos, en el sentido de que su inspiración procede de un aspecto de nosotros mismos que es previo o anterior a nuestras limitaciones humanas, un aspecto del cual dicho logro sobrehumano también es expresión. Incluso como espectadores, participamos de este momento de trascendencia, y por eso a los mejores atletas les otorgamos un estatus divino.

También hay otras formas más tranquilas y sosegadas de incitar la revelación de nuestra verdadera naturaleza. Consideremos, por ejemplo, al poeta que se sienta frente a una hoja de papel, con la mente abierta y receptiva, e invita a aquello que subyace tras la mente a manifestarse dentro de la misma y asumir una determinada forma. Como escribió Rilke: «Me encantan las horas oscuras de mi ser, pues mi mente se sumerge en ellas y se expande».[12]

En su libro *Pioneer Pottery*, Michael Cardew dice lo siguiente refiriéndose a la capacidad de una vasija para atraer la mente hacia su fuente: «Su presencia colma los espacios que median entre un sorbo de té o de café y el siguiente –esos momentos en los que la mente, no enfocada aún en la actividad, todavía se encuentra en un estado abierto y receptivo– y manifiesta quedamente el trasfondo de la conciencia con una calidez amistosa, en algunas ocasiones quizá incluso con una especie de consuelo».[13]

Para otros, su verdadera naturaleza puede manifestarse sin pedirlo en la pausa natural que sigue cuando finaliza una actividad, pero la mente aún no está puesta en la siguiente. O simplemente paseando en la naturaleza y rindiendo nuestro cuerpo a su inmensidad.

12.   Rainer Maria Rilke, sin título («I Love the Dark Hours of My Being»), *The Book of Hours: Love Poems to God*, traducido por Anita Barrows y Joanna Macy (Riverhead, 1997).
13.   Michael Cardew, *Pioneer Pottery* (The American Ceramic Society, 2002).

Cuando estamos en casa o en nuestro lugar de trabajo, el entorno nos es tan familiar que podemos llevar a cabo muchas actividades rutinarias sin que tengamos que prestarles atención o centrarnos en ellas. Al no haber nada en particular que interese o comprometa a la mente, somos libres de vagar por el pasado o el futuro para tratar de encontrar un cierto alivio al tedio que nos produce el ahora. En cambio, cuando hacemos un viaje, las imágenes, los sonidos, los sabores, las texturas y los olores que encontramos a menudo son lo suficientemente desconocidos como para fascinarnos, por lo que nos llaman poderosamente la atención. La mente abandona la aventura que emprendió en el tiempo y regresa al ahora. La felicidad que sentimos en estas ocasiones no surge a causa del nuevo entorno en el que nos encontramos, sino que es el sabor de nuestra verdadera naturaleza.

Al contar un chiste, un buen narrador va dando detalles a cuentagotas, con lo que consigue llevar poco a poco a sus oyentes a un estado de creciente expectación, pues sabe que cuanto mayor sea la tensión que cree, más profundo será el sentimiento de alivio que experimentará su audiencia al escuchar el desenlace. Y el oyente participa encantado en este estado enaltecido de anticipación por el placer que siente cuando remite en el momento en que comprende la resolución. Antes de que el chiste termine, aún no se ha producido la comprensión. Para cuando estalla la risa, *ya* se ha producido la comprensión. La comprensión tiene lugar en el momento atemporal que media entre el final del chiste y el inicio de la risa. Lo que «está debajo»* de la mente sale a la superficie, deja de estar oculto en la

---

*   En el original inglés el autor establece un juego de palabras con el término *understand*, «entender» o «comprender», y *stand under*, que podría traducirse como «estar debajo de». (*N. del T.*)

oscuridad bajo la mente. La sonrisa, la risa o la carcajada que sigue es la relajación del cuerpo en respuesta a esta zambullida en nuestra verdadera naturaleza. De hecho, cada vez que alguien nos sonríe, recibimos una bendición en la que la luz del ser irradia sobre nosotros. Y al contrario: cada vez que le sonreímos a alguien, le estamos ofreciendo esta bendición.

Como vemos, hay innumerables formas (algunas espontáneas y sin esfuerzo, otras que hay que cultivar) mediante las cuales podemos disolver la actividad de ocultamiento o encubrimiento de la mente, con lo que se revela su esencia («indicios del amado», como dicen en el tradición sufí). De hecho, yo propondría que la mente siempre está tendiendo hacia su fuente, que el corazón siempre anhela retornar a su hogar, y que casi todo el mundo está la mayor parte del tiempo (tanto si nos damos cuenta como si no) intentando activamente regresar a nuestra verdadera naturaleza.

Por supuesto, esto se dice desde la perspectiva de una mente individual. En realidad, es la conciencia ilimitada la que, al identificarse con (o perderse en) el contenido de la experiencia, parece volverse localizada y limitada. Bajo la forma de esta mente o yo aparentemente limitado, la conciencia siempre está intentando despojarse de esta limitación y regresar a su condición natural. Por eso, el yo o la mente individual siente de forma constante la atracción gravitatoria de su verdadera naturaleza en forma de búsqueda de la felicidad, la verdad, el amor o la belleza.

Que la mente finita busque aliviar el sufrimiento inherente a su propia condición limitada a través de la adquisición de objetos, sustancias, actividades, circunstancias y relaciones, o yendo directamente a su esencia por medio de la meditación, la autoindagación o la oración, depende de su grado de madurez.

En cualquier caso, la mente está destinada a disolverse tarde o temprano en su esencia. Del mismo modo que el agua del océano se evapora, forma nubes, flota sobre la tierra, se precipita en forma de lluvia, se convierte en vino, se derrama en lágrimas, confluye en ríos y regresa al océano, modificando continuamente su nombre y su forma, pero sin que su esencia se altere en ningún momento, también el individuo aparente, al sentirse separado de la totalidad, emprende un gran viaje, vive un sinfín de aventuras, adopta muchas formas y, al final, regresa a su naturaleza original sin haber dejado nunca de ser exactamente eso.

Todos los ejemplos mencionados reflejan solo algunas de las muchas ocasiones en la vida en las que nuestros procesos de pensamiento habituales se interrumpen, por lo que la paz y la alegría de nuestra verdadera naturaleza, que yace justo detrás de la mente, emerge de forma natural y sin esfuerzo y pasa a ocupar el primer plano de nuestra experiencia.

Aunque el acontecimiento que precede al surgimiento de nuestra paz y alegría innatas es distinto en cada caso, el efecto que tiene sobre nosotros siempre es el mismo: la entrega. Una persona sabia es aquella que no espera a que las circunstancias o los acontecimientos ocasionen dicha entrega. Simplemente, la convierte en su actitud momento a momento.

La paz del sueño profundo

Pondremos un último ejemplo para ilustrar que, ocultos dentro de nuestra experiencia ordinaria, yacen muchos rastros de lo divino. Mucha gente cree que el sueño profundo es la ausencia de conciencia. La razón de esta creencia es que consideramos que la conciencia depende del contenido de la experiencia. Dicho de otro modo, si no hay experiencia, no hay conciencia.

Sin embargo, el sueño profundo no es la ausencia de conciencia, sino la conciencia de la ausencia. Cuando nos quedamos dormidos por la noche, la mente se desprende de toda experiencia objetiva de forma natural y sin esfuerzo, dejando su esencia, la conciencia pura, completamente sola, descansando en su propio ser. Esa es la experiencia de la paz.

Cuando mi hijo era muy pequeño y cogía una rabieta, durante esos momentos no había nada que Caroline (su madre) o yo pudiéramos hacer para consolarle, y a menudo nos decía: «Solo quiero irme a dormir». Había experimentado la paz de su verdadera naturaleza en el sueño profundo en numerosas ocasiones, como todos lo hacemos, y ahora, ante la angustia que sentía, sabía instintivamente cómo encontrar el camino de regreso a ella. Por esta misma razón, Ramana Maharshi dijo en una ocasión que «la meditación es como quedarnos dormidos mientras permanecemos despiertos».

Tras un periodo de sueño profundo, los estados de sueño con sueños y de vigilia vuelven a emerger, pero a la conciencia que estuvo presente de manera ininterrumpida en los tres estados no le ocurre nada. Tan solo se le agregan capas de experiencia: imágenes y pensamientos en el estado de sueño con sueños, a los que posteriormente se suman sensaciones, percepciones, actividades y relaciones en el estado de vigilia. Sin embargo, al igual que la transparencia de una pantalla parece quedar oculta o enmascarada cuando empieza una película, también la paz y la alegría que son la naturaleza de la conciencia pura parecen quedar ocultas o encubiertas cuando se reanuda la experiencia objetiva.

En ese caso, lo único que hemos de hacer es invitar con delicadeza a la mente a regresar a su fuente, la presencia de la conciencia en la que habitan la paz y la felicidad. Para quien lleva un cierto tiempo explorando estos temas y está acostumbrado a abandonar una y otra vez la aventura de la experiencia y regresar a la paz de su verdadera naturaleza, el primer atisbo del sufrimiento que acompaña a este olvido es suficiente para iniciar el proceso de regreso a casa sin necesidad de tener que recurrir a ningún método o práctica.

Sin embargo, para alguien en quien este hábito aún no esté establecido y afianzado, es posible que sea necesario persuadir a la mente para que deje de estar tan fascinada con el contenido de la experiencia y de confiar tan ciegamente en ella. Para una mente así, bastará para iniciar el retorno al hogar con preguntas como: «¿Soy consciente?», «¿Qué es lo que conoce o es consciente de mi experiencia?», «¿Quién soy yo?», «¿Qué parte de mí es imposible eliminar» o «¿Qué elemento de mi experiencia está siempre conmigo?».

Cada vez que nos desligamos del contenido de la experiencia y retornamos a nuestra verdadera naturaleza de conciencia pura que se encuentra en el trasfondo, estamos socavando el poder que la experiencia objetiva tiene para alejarnos de nuestro propio ser. Con el tiempo, cada vez será necesario menos esfuerzo y menos tiempo. Empezamos a establecernos en la paz y la felicidad que constituyen nuestra verdadera naturaleza.

El mayor descubrimiento que podemos hacer en la vida es encontrar el camino de regreso a nuestra paz y alegría innatas, sin requerir para ello que las circunstancias se alineen con nuestras ideas preconcebidas, ni tener que estar inmersos en el sueño profundo.

Conclusión:
Una invitación

«Derrámate como una fuente,
fluye hacia el conocimiento de que lo que estás buscando
a menudo termina por el principio y comienza por el final».

RAINER MARÍA RILKE

Esencialmente existen dos modelos de civilización. El primero es aquel en el que las ideas y actitudes de los individuos emanan de la comprensión de su relación con el todo, y en el que sus actividades y relaciones son los medios por los cuales esta comprensión se expresa en la sociedad.

El segundo modelo es aquel en el que los individuos descuidan o pasan por alto su relación con el todo y, en consecuencia, creen y sienten que son entidades discretas con existencia independiente. Es un paradigma de separación que, a nivel interno, conduce inevitablemente a la infelicidad, y en el exterior a los conflictos entre individuos, comunidades y naciones, así como a la explotación y degradación de la tierra.

La historia nos ha demostrado una y otra vez que una civilización en la que los individuos descuidan su relación con la totalidad siempre acaba colapsando. Nuestra propia civilización presenta todos los signos de esta desintegración, pero aún no ha sido capaz de abrirse a la comprensión necesaria para remediarlo. Somos como un paciente al que le han diagnosticado una enfermedad terminal, pero se niega a tomar la medicina. Al creernos separados, nos hemos alienado de la totalidad.

Tres preguntas esenciales

La comprensión no-dual que constituye el germen de las grandes tradiciones religiosas, espirituales y filosóficas se formula en respuesta a tres preguntas existenciales: «¿Cómo podemos encontrar paz y felicidad duraderas?», «¿Cuál es la naturaleza de la realidad?» y «¿Cómo debemos vivir?».

La primera pregunta, «¿Cómo podemos encontrar paz y felicidad duraderas?», se relaciona con nuestra vida interior, y a esto la comprensión no-dual responde: «La paz y la felicidad son la naturaleza misma de tu ser».

Llegamos a esta comprensión separando o diferenciando nuestro yo de todo lo que no es esencial en nosotros: los pensamientos, las imágenes mentales, los sentimientos, las sensaciones, las percepciones, las actividades y las relaciones. De este modo, lo único que queda es nuestro ser esencial e irreductible. Despojado de todo aquello con lo que antes nos definíamos, descubrimos que nuestro ser es vacío, silencio, paz.

La segunda pregunta, «¿Cuál es la naturaleza de la realidad?», guarda relación con nuestra vida exterior, con nuestra relación con las personas, los animales y el entorno. En respuesta a esto, la comprensión no-dual sugiere que compartimos un mismo ser con todos y con todo. Es decir, que solo existe una sola realidad infinita e indivisible de la que todas las personas y todas las cosas derivan su existencia aparentemente independiente.

A medida que vamos ahondando más y más en nuestro ser, a nivel interno va perdiendo su agitación, y a nivel externo se va deshaciendo de sus limitaciones. El ser que esencialmente somos es el mismo ser que todas las personas y todas las cosas esencialmente son.

El ser es infinito e indivisible. Antes, la multiplicidad y la diversidad de personas, animales y cosas velaba su realidad común. En cambio, ahora todo eso pierde su capacidad para ocultar y se vuelven transparentes a ella.

Si comprendemos estos dos aspectos de nuestro yo y, en la medida de nuestras posibilidades, llevamos una vida que sea consistente con sus implicaciones, no es necesaria ninguna otra instrucción o práctica espiritual.

Cuando entendemos que la felicidad es la naturaleza misma de nuestro ser, dejamos de esperar o de exigir que otras personas o el mundo nos la proporcionen. Nuestra felicidad deja de estar supeditada a las circunstancias, dejamos de utilizar el mundo como algo que está al servicio de nuestra felicidad y, en cambio, ponemos nuestra felicidad al servicio del mundo.

Si entendemos y sentimos que compartimos un mismo ser con todas las personas, animales y cosas, no nos hace falta más código ético o moral que ese, pues dicha comprensión es el fundamento de todo comportamiento ético.

La respuesta a la tercera pregunta, «¿Cómo debemos vivir?», es una consecuencia inevitable de esta comprensión. Cuando le hicieron esta misma pregunta a san Agustín, respondió: «Ama y haz lo que quieras». Es decir, reconoce y siente la unidad preexistente de la que todas las personas y todas las cosas derivan su existencia aparentemente independiente y actúa de un modo que exprese y comunique esta comprensión en el mundo.

En la práctica totalidad de las empresas humanas es posible dejar que esta comprensión determine nuestros pensamientos y sentimientos y se exprese en nuestras actividades y relaciones.

Las cualidades que más admiramos en un ser humano son aquellas que expresan el reconocimiento de que la naturaleza de nuestro ser es la felicidad y que compartimos un mismo ser con todos y con todo.

Cualidades como la bondad, la humildad, la dignidad, la compasión, el respeto, la generosidad, el coraje, la integridad, el buen humor o la creatividad surgen del reconocimiento o la intuición de que bajo nuestras diferencias compartimos un mismo ser. Esas cualidades son expresiones de lo divino manifestándose en un ser humano.

Para alguien en quien esta comprensión está viva, la unidad del ser eclipsa cada vez con mayor intensidad la aparente multiplicidad y diversidad de personas, animales y cosas. Todo se vuelve transparente y resplandece con su realidad.

Conócete a ti mismo

La unidad del ser se refracta a través de las facultades del pensamiento y la percepción, por lo que aparece como una multiplicidad y diversidad de objetos e individuos. Si tomamos la evidencia que nos proporcionan los sentidos y la capacidad de categorización del pensamiento al pie de la letra y consideramos que las personas y las cosas son entidades discretas con su propia existencia separada e independiente, entonces el sufrimiento, el conflicto y la destrucción son inevitables.

El precio que pagan los individuos por sostener este paradigma es su felicidad; la humanidad lo está pagando con su cordura. Si seguimos persiguiéndolo sin control y sin ponerlo en tela de juicio, tarde o temprano nos conducirá a un desenlace catastrófico.

En cambio, si tomamos las evidencias que nos proporcionan la razón y la experiencia, veremos más allá de la apariencia ilusoria de la separación y descubriremos la subyacente realidad única, infinita e indivisible (de la cual es una expresión).

Todos los pensamientos y sentimientos que albergamos y todas las acciones y relaciones en las que participamos se reducen en última instancia a una de estas dos posibles perspectivas. Nuestra vida como individuos y el destino de nuestra civilización en su conjunto dependen de cuál de las dos adoptemos.

En respuesta al paradigma de la fragmentación y la separación, los fundadores de todas las grandes tradiciones religiosas y espirituales han implorado a la humanidad de muchas maneras diferentes que despierten a una única comprensión: que la felicidad es la naturaleza de nuestro ser y que compartimos el mismo ser con todos y con todo.

Solo hace falta que entendamos esto, que lo sintamos y llevemos una vida que, en la medida de nuestras posibilidades, guarde coherencia con esta comprensión, participando en actividades y relaciones que, de una forma u otra, la comuniquen y la celebren.

No podemos conocer la naturaleza del universo directamente, porque el instrumento a través del cual lo percibimos y exploramos (la mente) impone sus propias limitaciones a todo lo que conoce. Es imposible ver la nieve blanca a través de unas gafas con cristales tintados de color naranja.

Sin embargo, *sí* que podemos conocer nuestro ser, nuestro yo, porque tenemos un conocimiento directo e inmediato de nosotros mismos antes de que se filtre a través de las limitaciones del pensamiento y la percepción. Despojados de las limitaciones que nuestro yo adquiere a partir del pensamiento y la percepción, nos conocemos simplemente como seres infinitos, impersonales y autoconscientes.

Sea lo que sea el universo, nosotros, como individuos aparentes, surgimos de él. Por lo tanto, lo que seamos esencialmente debe ser también la realidad del universo del que parecemos emerger, del mismo modo que la naturaleza de la ola ha de ser idéntica a la del océano.

De esta observación se deriva el principio central de todas las grandes tradiciones religiosas y espirituales: en el cristianismo, «Yo y mi Padre somos uno»; en el hinduismo, «*Atman* y *Brahman* son idénticos»; en el budismo, «El *nirvana* y el *samsara* son uno» y también «La forma es vacío y el vacío es forma»; y en el sufismo, «Quien se conoce a sí mismo conoce a su Señor». Es decir, la conciencia que constituye la naturaleza esencial de nuestro ser es también la realidad última del universo.

Así pues, el autoconocimiento no es solo la vía directa a la paz y la felicidad, sino también el requisito previo para comprender la naturaleza del universo. La razón por la que los científicos aún no han descubierto la naturaleza del universo, a pesar de llevar más de dos mil años tratando de encontrarla, es que aún no han reconocido la naturaleza de su propia mente.

Si investigamos en profundidad la naturaleza de nuestro yo, solo encontramos un ser infinito, impersonal y consciente de sí mismo. El ser se encuentra y se conoce a sí mismo. Desde una perspectiva humana, percibimos estas cualidades (si es que podemos referirnos a ellas de ese modo) como paz y felicidad en relación a nuestra experiencia interior, y como amor y belleza en relación a todas las personas, animales y objetos. Conforman el tejido mismo de la realidad.

Dicho de otro modo, el universo es una manifestación de la alegría, el amor y la belleza. Si nos parece que no es así, es únicamente porque creemos que somos seres temporales, finitos y separados y vemos el universo a través de las limitaciones de este filtro.

Por eso las palabras «Conócete a ti mismo», que ya hace dos mil quinientos años, en los albores de la civilización occidental, constituían una invitación para la humanidad, se convierten ahora en una plegaria para la civilización mundial en su conjunto.

El conocimiento de nuestro propio ser es el medio por el cual podemos restaurar nuestra paz y felicidad innatas. Es la manera de establecer la tolerancia, la compasión, la cooperación y la armonía entre todos los pueblos, y el fundamento del que depende la reparación de nuestra relación con la naturaleza.

Conocer nuestra propia naturaleza es la gran comprensión sobre la que debería estar basada cualquier civilización auténtica.

Fuentes de las citas

Epígrafe
J. Krishnamurti, del ensayo «Felicidad creativa».

Introducción
T. S. Eliot, «Little Gidding», *Four Quartets* (Harcourt, 1941).

1. La búsqueda de la felicidad
Aristóteles, *Ética a Nicómaco*, libro 1, sec. 7.

2. Conócete a ti mismo
Ramana Maharshi, *Who Am I?* (Sri Ramanasramam, 2008; original 1923).

3. ¿Eres tú mi ser?
Herman Hesse, *Wandering* (Farrar, Straus, and Giroux, 1972).

4. El arte de la autoindagación
Atribuido a Ikkyu, el patriarca zen del siglo XVI, fuente desconocida.

5. La esencia de la meditación
Atribuido al místico cristiano alemán del siglo XIII Maestro Eckhart, fuente desconocida.

6. La oración suprema
Frances Nuttall, «The Prayer of the Chalice» (1962).

7. La silenciosa presencia de la conciencia
Alice Meynell, «To the Beloved», *The Poems of Alice Meynell: Complete Edition* (McClelland y Stewart, 1923).

8. El espacio abierto, vacío y consciente
Plotino, *Las Enéadas* VI, 9.11.

9. La paz y la felicidad son nuestra naturaleza
Catherine of Siena, «Consumed in Grace», *Love Poems from God*, traducido
    por Daniel Ladinsky (Penguin Compass, 2002).

10. Creer en la separación
Li Po, «Zazen on Ching-t'ing Mountain», *Crossing the Yellow River: Three
    Hundred Poems from the Chinese*, traducido por Sam Hamill (BOA
    Editions Ltd., 2000).

11. Solo existe un yo
Awhad al-din Balyani, *Know Yourself*, traducido por Cecilia Twinch (Beshara
    Publications, 2011).

12. ¿Qué es lo que sufre?
Jelaluddin Rumi, «An Empty Garlic», *The Essential Rumi*, traducido por Cole-
    man Barks (HarperOne, 2004).

13. Nuestra felicidad innata
Lao-Tsé, *Tao Te Ching*, capítulo 26, según la traducción de Stephen Mitchell
    (Harper Perennial, 1994).

14. El sufrimiento es nuestra propia actividad
Anandamayi Ma, *Life and Teaching of Sri Anandamayi Ma*, editado por el doctor
    Alexander Lipsky (Motilal Banarsidass, 1977).

15. La vía de entrega
Lev Tolstói, *A Calendar of Wisdom: Daily Thoughts to Nourish the Soul Written
    and Selected from the World's Sacred Texts*, traducido por Peter Sekirin
    (Scribner, 1997).

16. Refúgiate en el ahora

Lao-Tsé, *Tao Te Ching*, capítulo 47, según la traducción de Stephen Mitchell (Harper Perennial, 1994).

17. Prestar atención a las emociones dolorosas

Albert Camus, del ensayo «Return to Tipasa», *Personal Writings*, traducido por Ellen Conroy Kennedy y Justin O'Brien (Vintage, 2020).

18. La unidad del ser

Jesús, en el *Evangelio de Tomás*, dicho 3.

19. El espíritu omnipresente

«Listen, O Dearly Beloved», basado en una traducción de Muhyiddin Ibn 'Arabi, «The Theophany of Perfection», tal como aparece en Henri Corbin, *Alone with the Alone: Creative Imagination in the Sufism of Ibn 'Arabi* (Routledge, 2007).

Conclusión

Rainer Maria Rilke, «Want the Change», *In Praise of Mortality*, traducido por Anita Barrows and Joanna Macy (Riverhead, 2005).

editorial **K**airós

Puede recibir información sobre
nuestros libros y colecciones inscribiéndose en:

www.editorialkairos.com
www.editorialkairos.com/newsletter.html

Numancia, 117-121 • 08029 Barcelona • España
tel. +34 934 949 490 • info@editorialkairos.com